40歳からのシンプルな暮らし

—「これから」をラクに生きる自分整理術—

金子由紀子

祥伝社黄金文庫

文庫版のまえがき

本書が最初に刊行されたのは２０１１年。あの東日本大震災の直後、薄暗い駅でゲラの受け渡しをしたことが思い出されます。

またたく間に月日は流れ、私の40代も残り少なくなってきました。その間にもいろいろなことが起き、世の中も私も変化しています。二人の子供たちには、すでに背丈を越されました。高校生となった娘は、四六時中鏡の前でニキビを気にし、思春期の入口にいる息子はすっかり無口になりました。「抱っこ〜」と駆け寄ってきたあの頃は、もう二度と戻ってきません。

一方私には、更年期がやってきたようです。震災を境に、朝行なっていたジョギングをやめてしまったことも影響しているのでしょうか。だるさと眠気、奇妙な発汗（なぜか、手の甲に汗をかくのです）、体が重い、意欲の低下……と、このところ体調の低迷に悩まされています。

人によっては、体調の変化を更年期と気づかず、あるいは認めたがらず、無理に頑張ってしまい、精神的なダメージを受けるケースもあると聞きます。

しかし私は幸運なことに、この間に知り合った50代の女性たちから、更年期の特徴や、やり過ごす方法について、役立つレクチャーを受けることができました。今はその教えに従い、無理をせず、体を動かし、なるべく明るい気持ちで過ごすことを心がけています。

女性の50代って、40代以上におしゃれで、エネルギッシュで、自由！ 子供も独立し、「○○ちゃんママ」は卒業。その上でさまざまな人生経験を積んでいるから、時間にもお金にもゆとりがあって、自信に満ちているのかもしれません。そんな彼女たちを見ていると、次なる50代が楽しみでなりません。

50代を充実した、よりよい年代にするためにも、残された40代をしっかり生き、味わっていきたいと思っています。まだまだやりたいことがたくさんありますからね！

２０１３年 秋

金子由紀子

はじめに

私が6歳の頃、当時のアイドル・南沙織《みなみさおり》さんの『17才』という歌謡曲がヒットしました。爽《さわ》やかなメロディーのその歌は、子供心に素敵に思えて、

「17歳っていいな〜!」

と憧《あこが》れたものです。しかし同時に、

「17歳を過ぎたら、何も面白いことなんてなくなるんじゃない?」

と心配にもなりました。子供にとっては、17歳を過ぎたら皆「オバサン」。周囲のオバサンたちは、いつも忙しく愚痴っぽく、ちっともおしゃれじゃなかった。だからこんな風にも思っていました。

「オバサンになったら、春の花を見てうっとりしたり、冬の雪を待ってワクワクしたりすることはなくなるんだな、きっと」

そんな私も今や、立派な40代後半。オバサンになった私は今、春も冬も感じ

ず、不満だらけの毎日を送っているでしょうか？　いえいえ！
40歳を過ぎても、花は変わらず美しいし、吉本に笑いころげ、素敵な服は欲しい。オダギリジョーはカッコいい。世界が色を失ってしまうことはありません。

ただ、それまで積み上げてきた人生の分だけ、背負ったもの、抱えているものが増えたことで、日々の暮らしが少しずつ煩雑になり、その圧力に耐え切れず、「疲れた……」と思うことが多くなったのもまた、事実です。

まだまだ人生途中の40代。この辺で、
「持っていくべきものと、荷卸しするべきもの」
の仕分けをしましょう。

最後まで持っていくべきものもありますが、持ち続けては歩き通せないものもある。モノはもちろん、人間関係も同じことです。

本書は、私と同様の旅程を行く40代の仲間と、これから40代の旅に出る仲間たちのために書きました。少しでも軽い荷で、40代の旅を楽しむ一助としていただければ幸いです。

２０１１年 春

金子由紀子

もくじ

4章 モノを削ぎ落としてラクになる

5章

40歳からは「気に入ったモノ」とだけ付き合う

6章 人間関係を整理してラクになる

7章

40歳からは「時間」が何よりも大切に

ブックデザイン　ヤマシタツトム
イラスト　小澤真弓

1章

40歳からは、シンプルで自由な生き方をしよう

40代、幸せですか？

私は今、40代のど真ん中（を、ちょっと過ぎたところ）です。

20代の頃は、自分が40代になるなんて思わなかったなー。

40代といえば、大人も大人、分別《ふんべつ》盛りのオバサンで、着ているものといえばカッポーギかスーツかどちらかで、PTAだの営業会議だのに忙しく、あとは何しているんだか想像もつかないような種族でした。まさか自分がその40代になるとはね。

実際40代になってみての感想は、

「うん、悪くない。いいよ！　なかなか」

職場や地域に根を下ろしているので、仕事やPTA、自治会の活動にも慣れてきたし、若干衰えたとはいうものの、旅行やスポーツを楽しむ体力は十分あります。子育て中であっても、多少ラクになった人が増えているから、遊びに出かけるチャンスも増えてきた。何より、若い頃と比べて、ヘンな自意識や緊張がなくなり、力が抜けてラクになった！　自由になった！　いろんな意味でいい年代だなーと思います。

正直言って私、今までの人生の中でいちばん今が楽しい！　そしてラク！「40代になるなんて……」なんてげんなりしていた20代、30代の自分に、「そう恐れるほどのもんでもなかったよ〜。楽しいから早くおいで！」と言ってあげたいくらい。

もちろん、うれしいことばかりじゃないこともありますよ。

40代にもなれば、体型だって崩れてくるし、シミもシワもできる。男性にチヤホヤされることは（元々）ありません。住宅ローンと子供の教育費の負担は重く、いつも家計簿とにらめっこです。何もしなくてもお肌はピカピカで、自由に使える時間もお金もあった若い頃は、そりゃ懐かしいです。

でも、そんなマイナス要因を補《おぎな》って余りある魅力が、40代にはある！　と私は感じているんですが、そうは思わない人たちもけっこう多いみたい。この温度差の理由って、何なんでしょう。

――「昔はよかった……」という40代が多いのはなぜ？

40代は楽しい！　今がいちばん！　と公言して憚《はばか》らない私。同様に感じている40代仲間がいる一方で、この頃になって急に、

「昔はよかった……」

「もう一度人生やり直したい……」

とボヤく40代が増えているのもまた事実のようです。

習い事だ、海外旅行だと華やかなOL生活を楽しんだ後、一流企業勤務のカレと結婚し、かわいい子供に恵まれて、何不自由ない生活を送っているように見える人でも――。

「子供たちが大きくなって、私の手が要らなくなった今、気がついてみれば私には何も残っていない。仕事を続けている同期の友達は、昇進して管理職になったり、起業したり……。家族のことは愛しているけど、なんだか私の人生、夫と子供に吸い取られてしまったみたい。私の人生って、何なの？」

優秀な成績で大学を卒業し、希望の企業に入社、能力を認められて、女性社員としては異例の昇進も果たしてきた人は――。

「若い頃は『結婚なんて不要！』と笑い飛ばしてきたけど、立派に子供を育てて、温かい家庭を築いている人を見ると、私は何かとても大事なことを捨ててきてしまったんじゃないか……という気持ちになって、落ち込んでしまう」

大好きだった仕事を、出産を機にやめ、育児に専念した後、パートタイムで復職、仕事と家庭をうまく両立させているように見える人も――。

「本当は出産後も仕事を続けるつもりだったけど、子供が病気がちで、『熱が出たから』などと四六時中保育園から呼び出され、『戦力にならない』と周囲の目も冷たくなった。やめたくなかったけど、あまりの居づらさに退職、今は子育ての時期なんだと自分を納得させた。子供と二人っきりの生活は、孤独でつらかった。幼稚園入園を機に再就職活動を始めた途端、二人目の妊娠が発覚。6年以上のブランクと年齢のハンデがあって、働ける場所は限られていた。今は、子育てと両立できる、近所のパートタイムの仕事をしているけれど、本当にやりたい仕事はこれじゃない！」

一見、よき家庭を築き、あるいは企業人として社会的責任を果たしている、非の打ち所のない女性たちですが、

「自分の人生、これでよかったんだろうか？」

と悩んでいるのです。

実際、京都大学大学院・楠見《くすみ》孝《たかし》教授らによる「なつかしさ」に関する研究によると、女性は40代になると「昔の方が幸せだった」と答える人の比率が急

に上がるのだそうです。

これは、女性の生き方が多様になったことも、その理由の一つなのかもしれませんね。

私が子供の頃（昭和中期）の40代って、冒頭で述べたように、明らかに「オバサン」でした。オバサンらしい髪形、オバサンらしい服、オバサンらしい振る舞い。「一億総中流」と言われた時代が長く続いていましたから、極端なお金持ちや貧困家庭もなく、誰もが似たりよったりの生活を送り、女性も40代になれば、皆判で押したようなオバサンになっていったのでしょう。

ところが、今私の周囲を見回しても、40代女性、実にいろいろです。

「結婚して専業主婦、子供は二人」のような、かつてのモデルケースはめっきり減って、「離婚しても養育費をもらわず、自力で子育て中のバリキャリママ」「シングルライフを謳歌《おうか》する女性経営者」「アルバイトと介護の合間を縫って趣味に生きるおひとりさま」なんていう、昭和の昔には珍しかった40代がザラです。多様な生き方が生まれ、容認されているのも、女性の自立が勝ち得た成果なのですね。

どんな人生も、選択の連続。選択の蓄積が現在です。女性の人生の最大の選択といえば、

「職業」

「結婚」

「出産」

ですが、20代、30代でこれらを選択したか否か、いかに選択したかの結果が、ほぼ出尽くすのが、40代です。

10代、20代の学生時代、一緒にキャアキャア笑い合っていたクラスメートが、ふと見れば、まったくかけ離れた人生を歩んでいることに気がつく。

自分が選べたかもしれない無数の選択肢の一つを生きている誰かを見たとき、

「これでよかったのかしら?」

「私があそこにいたかもしれないのに……」

こんな思いが胸をよぎり、心の片隅にむくむくと黒い雲が湧《わ》き始める――ちょうど、お酒の飲みすぎで変な時間に目覚めて、眠れなくなってしまった夜のように。

そして、そんな感情を持たずに済んだ「昔」は「幸せだった」と、後ろ向きな気持ちになってしまうのかもしれません。

人生の選択の結果はさまざまです。必ずしも、かつて期待したような人生になっていないかもしれません。しかし、「昔はよかったわ……」なんていくら懐かしんでも、時間を戻すことはできない。戻らないから素晴らしいんであって、だからこそ喜びはいっそう輝くのだし、同じ苦しみを二度味わわなくて済むのだと思うのです。

後悔しないこれからのために「棚卸し」をしよう

娘が中学生の頃、女の子は皆、「AKB48」のファンでした。あっちゃんが可愛い、大島《おおしま》（優子《ゆうこ》）さんがキレイとさかんに憧れていました。

ですが、40代の私には、正直区別がつきませんでした。どの子も可愛いんだけど、皆同じに見えてしまうのです。こういうところがオバサンゆえなのでしょうね！

若いということは、それだけで美しいものです。実際は、若い頃は誰もが内心の劣等感に押しつぶされそうになっているものですが、傍《はた》から見れば、どの娘《こ》の髪も肌も輝くようで、

「神様は、どの娘にも、若さという贈り物を平等にくださっているのだなぁ」

と思わずにはいられません。

しかし、若さというのは、いわばアイスクリームのトッピング。上辺に載ったチョコレートやフルーツを食べてしまえば、現われるのはアイスクリーム本体です。若さというトッピングは、20代、30代を過ぎればはかなく消えうせ、40代はトッピングなしで勝負しなければなりません。いってみれば、若さゆえの過剰や勢いが消え、本質が見えてくる年代だと思います。

20代、30代での選択の集積が、40代の自分です。

もし、現在の自分の生き方に迷いがあって、納得していないのであれば、一度ここで自分の中身を「棚卸し」しておくといいのではないでしょうか。

言うまでもなく棚卸しとは、現実の在庫と帳簿を照らし合わせ、利益の算出や適正な在庫量を知り、企業の健全な経営のために行なうものです。

人間だって、40年も生きれば、頭と心の棚は雑然として、在庫が過剰になっているかもしれません。自分の頭と心の中に何があるのか、自分はどうしたいのか、そのためには何をすればいいのか――。それをはっきりさせておくことで、この先10年、20年がうんと生きやすくなるのではないでしょうか。

「ためこみ」人生を「シンプル」に！

20代の自意識過剰や、30代の勇み足は捨てているものの、40代には新たに背負ったモノがたくさんあるはずです。世の中全体の中堅世代ですから、好むと好まざるとにかかわらず、多くのモノを背負うことを余儀なくされてきます。

仕事を続けている人には、より多くの責任。

家庭を持った人には、家族や地域社会に対するさまざまな義務。

子供のいる人なら、子供の年齢に応じた育児やしつけ。

老いてきた親に対する責任。

それでいて、もう親にも上司にも頼れない。頼られるだけです。ある意味、40代こそ人生本番の真剣勝負なのかもしれません。

ですから、どうしてもあれもこれもといろいろなモノを抱え込み、ためこみがちな年代であるともいえるでしょう。

そうでなくても、40年という年月には、空間にも、心にも、多くのモノを積み重ね、ためこんできているのが普通です。逆にいえば、それらの蓄積こそが、今までの人生を形成し、私たちを支えてくれてきたんです。

でも、これからだんだん、もしかしたらもうすでに、今まで意識しなかったその重みを「しんどい……」と意識しはじめているのではないでしょうか。それは、仕事や家庭、周囲の期待に、背負うモノが日に日に増えつつあるから。

モノの多さは、精神的な負荷には直接関係ないように見えますが、実はとっても強く影響しています。モノでいっぱいの片づかない部屋にいると、セカセカした落ち着かない気分になりますが、「床の間に花と掛軸」だけの広々とした和室や、白を基調にしたシティホテルの一室では、呼吸までひとりでに深くなります。

もしかしたら、とりとめのない断片的な思考が飛び交うばかりで、なかなかまとまらないのは、今までためこんだ数々のモノたちが、視覚を通してノイズとなって、落ち着いて考えることを邪魔しているからかもしれません。

「あれをしなくちゃ」

「これもやりたい」

「あれはどこだっけ？」

「これはどうすればいいんだろう」

……いつもいつも、頭の中に、こんなまとまらない考えが渦巻いているばかりで、実際には何も手につかない、はかどらない。

これは、散らかった部屋と同じように、頭の中にもたくさんのモノがためこまれ、収拾がつかなくなっているからです。

そして年とともに、いろいろな現実的な心配事が増えていきます（子供の教育、お金、親のこと、自分の老後……）。体重だって、急に増えれば膝《ひざ》や内臓に負担をかけますよね？　心だって同じことじゃないでしょうか。自分のキャパシティは変わらないのに、抱えるモノだけがいきなり増えたら、次第に骨がきしみはじめ、放っておけば、いつか崩れ落ちてしまうかも……。心にだって、体力の限界があるんです。

お部屋に起きていることが、頭に影響を及ぼし、心にも同じようなことが起きてしまう——。

そうならないためには、ここらでいったん「棚卸し」をして、負荷が増えるぶんを見越して、減らしておかなければなりません。抱えたモノが重いままでは、フットワークや判断も鈍《にぶ》りますし、ひとたびトラブルが起きたとき、逃げ遅れて後悔することになってしまいます。

ここで必要なのは、「忘年会の前にダイエット」みたいなもの。

40代という素敵なパーティーを楽しむために、今までためこんだモノや、抱え込んだ仕事、人間関係、一度見直して、減らせるモノは減らして身軽になって、新たな装備で、これから先の旅に出ませんか？

2章

「身軽」になれた40代は、こんなに楽しい

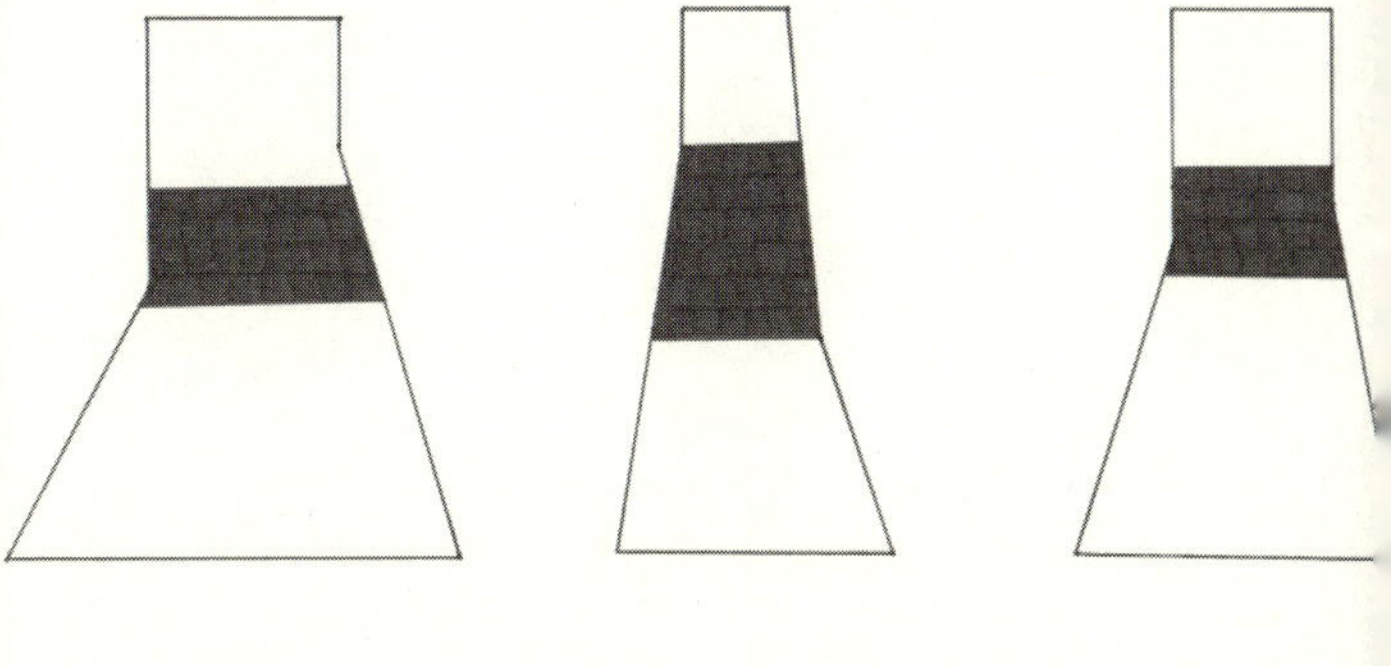

40代は何をスッキリさせたい？

さて、「棚卸し」の前に、40代の女性って、どんなことに悩み、どんなことをスッキリさせたい！　と思っているんでしょう？　周囲の40代を観察したり、話を聞いたりして、リサーチしてみました！　その中からいくつかピックアップしてみましょう。

2008年、『Around 40』というドラマがヒットしました。「アラフォー（40歳前後の世代）」という言葉の語源となったこのドラマ、ヒロインのシングル女性・大海祐希《あまみゆうき》、その友人のDINKS（ディンクス・共稼ぎで子供のいない夫婦）妻・大塚寧々《おおつかねね》、専業主婦の松下由樹《まつしたゆき》のそれぞれの生き方が、同世代女性の共感を呼びましたね。その分類で整理してみると……。

シングルライフ謳歌組のお悩み

・学生時代の仲良しを誘っても、子供の受験だの家族旅行だのと忙しく、時間も日にちも合わなくて遊べずつまらない。
・正直、結婚はどうでもいいけど子供が欲しかった。どんどん成長していく友達の子供を見ると、喪失感を覚える。
・この年になると親もあきらめているけど、本当は結婚して安心させたかった。親不孝な気がして申し訳ない。
・バツイチの私。再婚の話もあったんだけど、また失敗するのが恐くて踏み切れなかったことを、実は後悔している。
・一人っ子の私。老後を考えると、つい心細くなる。

DINKS組のお悩み

・最近言われなくなったけど、「子供まだ？」。今どきデリカシーのない質問に、ずっとムカついてきた。

・「子供がいない人にはわからないでしょうけど」「子供がいないなんて、優雅でいいわねえ」的な子持ち主婦のイヤミには、いまだにカチンとくる。
・流産を繰り返し、結局子供が授からなかった私。夫に申し訳なくて、ついメソメソしてしまう。

就職→結婚→出産→退職組のお悩み

・出産しても仕事を続けるつもりだったのに、子供が虚弱で断念。復職を目指して資格を取ったりしたけど、正社員の募集はほぼ皆無……。
・家事と育児に教育、親戚づきあい、全部私の仕事。この上介護も私にやらす気⁉
・子供が勉強しない。ゲームばっかりしていてイライラする。
・夫は自分の趣味をたっぷり楽しんでいるのに、私はたまの飲み会も、前々からの根回しダンドリが必要。不公平だ！

就職→結婚→出産→勤続組のお悩み

・子供は一人。本当はもう一人欲しかったけど、経済的なこと、仕事との兼ね合いを考えるとムリと思いやめたことを後悔している。
・3人の子を、働きながら育てた。ダンナは家事も育児も何もしないダメ夫！　こんな男と結婚したことが最大の失敗だけど、子供が成人するまで離婚はガマン……。
・夫とその両親と商店を経営。仕事と育児に忙しいのと、商売物が家に大量にあるので、とにかく片づかない。専業主婦みたいに家事が上手になりたい。

「隣の芝生は青い」といいますが、優雅に見えるシングルやＤＩＮＫＳも、安定感バツグンに見える子持ち主婦も、すべてを手に入れた勝利者に見える子持ちの働く主婦も、皆さん実は、それぞれ悩みがあるみたいです。

夫・子供など家族に関する悩み、子供の有無や家事能力など自分自身に関する悩み、仕事や家事の時間配分に関する悩み、お金に関する悩みなどいろいろ。

そしてこれは、すべての人に共通する悩みですが、

・（夫・子供・その他の家族・自分の）モノが多すぎて片づかない。

・モノが捨てられない。

という声がとっても多いのが、40代の特徴かもしれません。

家族、仕事、時間……。それぞれの悩みの原因や解決法を、多すぎるモノが邪魔して見えにくくしています。「モノを減らすと、悩みも減る」。それは本当です。例えば、私の場合――。

私自身のこと――出産が契機に

同じ女性でも、本当にいろんな40代がいます。波乱万丈《はらんばんじょう》な人生を、名サー

ファーのごとく乗り切っている人もいれば、停滞した人生を恨み、過去を嘆いてばかりいる人もいる。人生いろいろだなぁと思わずにはいられません。

私自身は、ごくごくおだやかに40代を迎えることができて、本当にラッキーだったと思っています。だって、30代前半は、これでけっこうタイヘンでしたから！　タイヘン、といっても、別にドラマチックな人生だったわけでも何でもありませんけどね。

20代後半でフリーランスになった私、儲《もう》からないまでもそこそこ暮らしていけるほどの仕事はありました。自由気ままな一人暮らし。ライブだ、お芝居だと遅くまで遊び歩いても、海外出張が急に入っても、誰にも迷惑はかけません。24時間を自分のためだけに使える、今では夢のような時代でした。

そんな私が30歳で結婚し、3歳下の夫と暮らし始めても、状況はさほど変わりませんでした。大人二人の暮らしなら、自分のやりたいことをセーブする必要はあまりありません。在宅ワーカーであるぶん、家事は多めに負担しましたが、私は相変わらず、仕事と遊び中心の生活を送っていました。

それが180度ひっくり返ったのは、33歳で子供が生まれてからのことです。もちろん、ある程度覚悟はしていましたが、子供のいる生活が、こんなに混《こん》沌《とん》と疲労をともなうものだとは――。

裸ん坊で生まれてきたはずなのに、子供の衣類やおもちゃはあっという間に狭い我が家を席巻し、収納という収納は子供のモノでいっぱいに。ベビー服なんて、大人の服の4分の1くらいにちっぽけなくせに、どういうわけか洗濯物の量は4倍。それでもハイハイが始まるまではよかったけれど、動きが活発になると、手当たり次第にモノを口に持っていき、思いもかけない場所をこじ開けて思いもかけないモノを突っ込み、赤ん坊という生き物は、片時も目が離せない危険物と化します。まとまった睡眠時間は取れず、お出かけはベビーカーでスーパーか小児科、気に入らない離乳食を投げ捨てられた床はいつもカピカピ……。

そしてまた、こういう時期に限って、夫というのは帰りが遅くなるものなのです。30代は働き盛り、というより使われ盛り。給料に見合わない労働量を要求され、理不尽な残業もこなさなければなりません。妻は夫に、一刻でも早く帰って手伝ってほしいのに、頼みの夫は終電帰り。疲れ切っているから、育児を手伝う気力も話を聞く気力もなく、それをまた妻がなじる……。

我が家もご多分に漏れずこんな調子でした。取材のない仕事であれば家でできることもあり、出産後も頑張って仕事を続ける気でいた私でしたが、育児の想像以上のタイヘンさに音《ね》を上げ、せっかく仕事の声をかけていただいても、次第に遠慮するようになっていきました。自然に、仕事は休業状態。こんなはずじゃなかったと嘆く一方、片づかない家の中に引きこもり、いつもイライラ、クヨクヨしていました。

これは、出産をめぐる私の体験ですが、出産や結婚を選ばなかった人でも、私と同じような経験をしている人は、多いのではないかと思います。

新しい生活が始まることによって、人は多かれ少なかれストレスを受けますが、このとき、家の居心地が良くなければ、ストレスから心を守ることができずに、人生がマイナスのスパイラルに陥《おちい》っていく——。当時の私は、まさにそんな状況にあったのだと思います。

——モノを減らす基準、私の場合——

子供は可愛いし、それだけを見れば十分幸せだったのですが、出産前に思い描いていた、

・出産しても仕事を続ける。
・夫と協力して家事育児に取り組む。

という理想がことごとく打ち砕かれ、凹《へこ》んでいた私は、ベビーカーを押して公園とスーパーを往復するだけの、鬱々《うつうつ》とした日々を送っていました。

しかし、落ち込むだけ落ち込むと、人は飽きるもののようです。あるとき、「片づかないのは、モノが増えたからだ。そうだ、モノを減らそう！」ちょうど、産後の体力が戻った頃だったのでしょう。子供が寝ている隙《すき》を縫って、私は猛然とモノを減らし始めました。

漫然と持っていただけの学生時代の教科書。

旅行の思い出と思ってとっておいた民芸品。

少し壊れているし、色が嫌いな収納ケース。

同じようなアングルの写真や、単なる引越しの挨拶《あいさつ》のような手紙まで、減らせるモノはとことん減らすつもりで、家の中を片づけていきました。

積み上げた不用品のうち、使えそうなモノは、地域新聞に広告を出してもらってくれる人を探したり、妹と一緒にフリーマーケットに参加して売ったりしたあと、行き先のないモノは捨てました。その結果、部屋はスッキリ！

「もうこれ以上、捨てるモノはない！　これで二度と散らからないぞ！」

私はすがすがしい気分でいっぱいでした。

ところが1年後、気づいてみると、やっぱり家の中は散らかっている。

「おかしいなぁ、去年あんなに捨てたのに……」

去年と同じことをもう一度繰り返し、家の中は再びスッキリしました。

しかし、この頃になると、さすがの鈍い私も気がつきます。

「捨てても捨てても散らかるし、モノはやっぱり増えている。捨てさえすればいいと思っていたけど、これは、私自身に問題があるんじゃないか？」

こういうときは、自分が捨てたモノ、持っていて困ったモノを思い出すといいのです。私の場合それは、

・時間がなくて、適当に「これでいいや」と買ってしまったモノ。
・バーゲンなどで、「安かったから」買ったモノ。
・「3個で1000円」「2枚で5000円」など、本当は一つでいいのに、二つも三つも一緒に買わされたモノ。
・タダでもらったモノ。

こういったモノがほとんどでした。

つまり、しっかりした自分の価値判断なしに手に入れたモノは、ことごとく「要らないモノ」になってしまっているのです。買い方、もらい方に問題があったのです。

このことが骨身に沁《し》みて、以降、だんだんとですが、私のモノの持ち方は変わっていきました。

以前なら、何かが必要になったら、すぐに買いに行こうとしていたし、「なるべく安いモノ」「たくさん入っているモノ」「値引き率の高いモノ」などを基準にして買っていました。また、無料で配っているモノ、身内や友達が「よかったら持っていかない?」と言ってくれるモノは、ほぼ無条件にもらってきては、「要らなければ捨てればいい」と思っていました。

しかし、その買い方、もらい方が、家の中をゴチャゴチャにし、狭くし、暮らしにくくしていたことに気づいてからは、

・買う前に、「借りる・代用する」など、どうにかして買わずに済ます方法を検討する。
・買うと決めたら、その場しのぎのモノはなるべく買わず、長く使えるモノ、使わなくなっても、それを必要とする人にもらってもらえるようなモノを買う。
・結局使い切れないなら、安くてたくさん入っているモノは買わず、同じ値段でも使いきれるだけ入っている方を買う。
・自分の好みでないなら、どんなに高価なモノが無料でも、もらわない。

という具合に変化しました。

すると、フリマをしたときのように、いっぺんにではありませんが、次第にゆっくりと、家の中がスッキリしてきたのです。散らかることは散らかるのですが、以前のように無秩序に積み上がって放置されることはなくなり、片づけがラクになっていきました。もちろん、モノの総量も減っていきました。

こうして、最初の出産後の数年間で、暮らしはだんだん落ち着き、二人目の出産のときも、比較的パニックにならずに迎えることができました。この後も、引き続き暮らしを身軽にしておいたことが、その後の人生を生きやすくしてくれたのです。

――身軽になると、いろいろなことがラクになる――

家の中に、目に入って楽しくないモノがたくさん、ゴチャゴチャとあったとき、いつもイライラして、憂鬱《ゆううつ》な気分から抜け出せませんでした。

次第にモノが減り、空間が広々とするにつれ、視界の霧が晴れるように、気持ちも晴れ晴れとしてきました。ものごとを整理して考えることができるようになり、それまで滞《とどこお》っていたことが、ゆっくりと回りだし、自分の思う方に流れていくようになったのです。

子供が二人になったことで、家事や育児の手間も増えましたが、たくさんあったモノの管理や整理整頓の手間が減っただけ、かえってラクになりました。

何がどこにあるか把握できるようになると、他人に頼ることができるようになります。取材など、どうしても外で仕事をしなければならないとき、ベビーシッターさんに来ていただき、家にいてもらうことができるようになりました。

私たちのようなフリーランスは、一度仕事をやめてしまうと、再始動することは容易ではありません。しかし、少しであっても仕事を再開できるようになったことで、自分から仕事を探し、できる範囲で続けようという意欲が湧いてきました。

このとき、気をつけたことは、「人生の優先順位をつける」ことです。

仕事は続けたいけれど、私が今最優先すべきなのは、あくまでも子供たち。子供たちの健康や発達を犠牲にするような仕事の仕方は、本末転倒《ほんまつてんとう》であること。子供たちと一緒の時間は、決して仕事をしないこと。かつ、納期は守ること。それには、あまりたくさんの仕事を受けない、受けてしまったら、自分の睡眠時間を削ってやるしかない、そう決めました。

そう決めたことで、仕事上のトラブルを避けることができましたし、育児にイライラすることもなくなりました。優先順位の下位となったその他の家事については、料理がワンパターンだろうが、掃除が適当だろうが、気にしないことにしました。こういう割り切り方ができたのも、モノを減らし、整理したことで、頭の中も整理されていったからだと思います。

こうして、私は出産前の理想であった仕事を続けることができ、相変わらず多忙な夫とも、よい関係を取り戻していきました。

「私だけが犠牲になっている……」

と悲劇のヒロインになりきっていた頃は、家事育児に協力してくれない（実際は、協力する余裕がない）夫に、不満ばかりをぶつけていましたが、家の中が落ち着いてくると、今度は夫ができることとできないことを見分け、できることだけ割り振っていくこともできるようになりました。

モノを減らすことで、自分にとって大切なものとそうでないものが、はっきり見えてくるという効用があります。そうすると、やるべきこととやらなくていいことも、自然と見えてくるのです。


食事はなるべく手作りするけれど、凝《こ》ったものは作らない。

片づけは毎日するけれど、掃除は大雑把でいい。

家事は家族みんなで分担するけれど、高いクオリティは求めない。


モノが減って身軽になると、ある意味、あきらめがつくのかもしれません。

それはもしかしたら、「現実と理想の折り合いをつける」ことなのではないでしょうか。

「40代は分別盛り」といいますが、実際には、そんな境地に到達する人はあまり多くはないような気がします。しかし、「分別」を「現実との折り合い」と読み替えるなら、それはまさに、40代にこそ最も必要な力、生きる技術ではないかと思うのです。

モノを減らすことは単なるスタート地点ですが、この先の人生を生きやすくするために、トライしてみませんか？

削《そ》ぎ落としたいモノをリストアップしよう

今、あなたの暮らしは、スッキリ見通しがいいですか？

それとも、自分がやりたいことや、やりたいことを見つけることを邪魔している、余計なモノやコトがあるでしょうか？

暮らしをスッキリさせることは、心のモヤモヤも同時にスッキリさせてくれる効用があります。しかし、ただ漫然と「スッキリさせたい……」と思っているだけでは、なかなか行動に移すことはできません。

そこで、「自分の暮らしから削ぎ落としたいモノ」を、考えつく限り、モノに限らず、リストアップしてみましょう（52ページの表）。

ここに書き出すのは、「本当は好きではないけれどイヤイヤ使っているモノ、壊れているのに面倒で捨てられず、場所ふさぎになっているモノ、どうしてあるのかわからないけれど使ってもいないモノ、もう役に立たなくなったモノ」「やりたくない家事、断ち切りたい人間関係、断りたい仕事」といった、自分の人生から削除したいモノ・コトすべてです。

ここに書き出したからといって、本当に全部を削ぎ落とさなければならないわけではないんです。本当に削ぎ落としてしまったら、暮らせなくなってしまうモノもあるでしょうし、どうしても削ぎ落とせない仕事や人間関係というのは、やっぱりあるからです。

ただ、書き出すことで、

「ああ、私は、コレがキライなんだな」

「コレは、なくてもいいと思っているんだな」

ということを意識することは、自分自身の本当の希望、ひいては自分自身と向き合うことでもありますし、さらに、

「削ぎ落とすとしたら、どれをいちばん先に実行するか？」

と、優先順位をつけることは、実際に行動に移す際の推進力となります。リストアップすることは、実行するか否かは別として、実はとても大切なことなのです。

52ページには、リストアップの雛形《ひながた》を掲げますが、実際には、もっとたくさんのスペースが必要になるかもしれません。

そうしたら、チラシやカレンダーの裏にでも、専用ノートを作ってでもいいですから、どんどん書き出してみてください。何度も書き直して更新すれば、より具体的なリストになっていきます。

書くだけならタダ！　手間もかかりませんし、誰にも文句は言われません。でも、このリストを作っておくことが、後々の暮らしを大きく変えてくれるはずです。

私の「削ぎ落としたいモノ」リスト

今、あなたがスッキリさせたいモノは何ですか？

一つひとつ書き出して、「削除」の優先順位をつけてみましょう。

モノ（家具、収納用品、家電、洋服、思い出の品など）

場所（リビング、ダイニング、キッチン、子供部屋など）

コト（人間関係、やるべきこと、心の持ち方など）

さあ、リストに現われたモノをスッキリさせていきましょう！

3章

家をスッキリ、居心地のよい場所にするために

40歳になったら、家で過ごす時間が大事

ライブや観劇、スポーツやアウトドア、飲み会に合コン――。20代の休日の多くは、こんな楽しみのために費やされます。時には徹夜で遊んだり、遊ぶ時間を確保するために徹夜したり、なんていうこともあったでしょう。

仕事の上ではほぼ一人前になり、あるいは家庭を持って出産~育児と、30代は最も忙しい年代です。20代の気楽さは消え、とにかく目の前のタスクを怒濤《どとう》のようにこなすことで精一杯。

暮らしているのは自分の家だけれど、若い時代は、家の中に目を向ける余裕って、案外ないものです。あったとしてもそれはまだ、

「インテリア雑誌のようなおしゃれな空間への憧れ」

といった、現実味の乏しいものだったり、身の丈に合わないものだったり。

だから、通販カタログの素敵なグラビアや、インテリアショップのディスプレイにつられて、ちょっと素敵なインテリア小物や収納グッズを次々に買ってしまいます。

でも、毎日が忙しくて暮らしが雑然としているので、買ったモノのケアをしているヒマはなく、かえって家の中はゴチャゴチャと片づかなくなっていたかもしれません。

しかし、40代に入ると、少しずつ様子が変わってきます。

忙しいのは相変わらずなのですが、いろいろな面で、20代、30代のときと違ってきます。

まず、身体的な面では、疲労の回復の速さがてきめんに遅くなります。徹夜がきかなくなり、前日の疲れをひきずるようになります。それが仕事でなく、遊びであっても、疲れが残りやすくなります。そのため、翌日にひびくような行動を控えがちになります。

中には、若いときと変わらず楽しもうとする人もいますが、起きられはするものの、能率はやはり上がらない。特に女性の場合、肌の疲れは隠せません。

また、仲間と過ごす休日が最高に楽しかったあの頃とは、お互い環境が変わってきます。子供が小さい仲間、結婚相手や同居している家族の目が厳しい仲間は、なかなか集まれず、次第に遊ぶ相手が限られてしまいます。若い頃とは、お互い生活も好みも変わってきますから、中には次第に話が合わない人も出てくるでしょう。

何より、自分以外の要因に振り回され、お疲れ気味の40代は、貴重な休日を、家でほっと一息つくために確保したくなってきます。

ゆっくりくつろぐためには、なにより家の居心地がよくなければなりません。広くはないまでも、すっきり片づいて、余計なモノが目に入らない。趣味を楽しんだり、家事を片づけたりするためのスペースがきちんと確保されている。使いやすい、お気に入りの家具や道具が揃《そろ》っていて、飾られているのは、眺《なが》めるたびほっとするような、思い出の小物や絵、切り花や鉢植え――。

そんな家で、ゆったりお茶を飲みながら音楽や読書、趣味を楽しむことができれば、日頃の疲れも癒《いや》すことができるでしょう。一人暮らし、夫婦二人、あるいは親や子と同居しているのであれ、あなたは自分の家で、そんな休日を過ごすことができているでしょうか？

今までの忙しさに紛れ、いちばん大切な自分の家を、居心地よく整えることができてこなかった人は、今のうちにぜひ、ゆったりとくつろげる空間を作り上げておきましょう。まだまだたくさんやりたいことを楽しむために、自分の「お城」で十分な英気を養わなければなりませんからね！

自分にとって居心地のいい空間に気づく

あなたにとって、居心地のいい空間って、どんな場所でしょうか？

もちろん、今いるその部屋、その家が最高に居心地がいいことがベストなのですが、必ずしもそうではないとき、あるいは、何かが足りないとき、自分にとっての居心地のいい空間を、改めて考えてみませんか？

「そんなこと考えたって、しょうがないじゃないの。今さら引越しもできないし、当分リフォームだってできないんだから」

という人も、ちょっとだけ、想像してみませんか？

実現はしなくても、「自分が本当に望んでいるものが何か」が見えてくると、次に行なう「間引き」がうまくいくんです。

左に掲げる「書き込みシート」に、あなたの理想の空間を表現してみましょう。

「今あるモノ」の間引き方

「書き込みシート」に現われたのは、どんな空間でしたか？

それが、現在の家とはかけ離れたものであったとしても、それはそれでいいのです。自分が好きなモノが何で、どんな空間にいるとき、ゆったりとくつろ

理想の部屋がわかる！　書き込みシート

自分にとって「居心地のいい空間」を想像してみましょう。
実現性は別にして、自分が好きなものを知ることが大切です。

好きなインテリアデザイナー、またはショップ

理想の部屋に使いたい色（白をメインにポイントでピンク、シックに黒で統一……など）

理想の部屋に使いたい素材（床はフローリング、ふすまは美しい和紙……など）

置きたい家具、ファブリック、照明、装飾品など

理想の部屋で何がしたいか

その部屋にいる自分を想像してみる（表情、仕草、ファッションなど）

いだ気分になれるのか、知っておくことはとても大切です。

もしかしたら、お金を出せば比較的実現可能なポイントもあったのではないでしょうか。素敵な絵を飾るとか、カーペットや家具を取り替えるとか……。

でも、お買い物に出かけるのはちょっと待って。「一度に全部スッキリ変えたい！」と思う気持ちはわかりますが、モノを入れる前に、やっておきたいことがあるんです。

それは、今、あなたの部屋にあるモノを「間引く」こと。

「書き込みシート」に書き込まれた理想の空間と、今いるそのお部屋の違いって、何でしょうか？

「何もかも、全部よ！」

という人もいるかもしれませんが、そうはいっても、毎日便利に使っているモノもありますよね。そういうモノは除外して、「本当は好きじゃないモノ」「あってもなくても困らないモノ」を探してみてください。ホラ、すぐに見つかったでしょう？

「どこかのお店の開店祝いで配っていたマグカップ」とか、「ペットボトル飲料のネックについていた流行のフィギュア」とか、「100円ショップで何となく買った紫色のプラスチックの小物入れ」とか、「親戚の伯母《おば》さんが沖縄に行ったときに買ってきた琉球方言のプリントされた暖簾《のれん》」とか、「最近全然使っていない、スイッチを入れるとジー……という音がするようになったこたつ」とか……。

和室を洋室にするのも、壁紙や床材を張り替えるのも大変です。お金も時間もかかります。家具や小物を買うのは楽しいけれど、いっぺんにたくさん買うのは難しいもの。でも、こういったモノを「間引きする」だけなら、そんなにお金はかかりませんし、今すぐにできます。そして、びっくりするほどお部屋がスッキリするんです！

「好きなモノに囲まれた暮らし」は確かに気分のよいものですが、自分とモノの相性は、時間をかけないとわからない部分があるため、「好きなモノだけ」を集めるのは、一朝一夕《いっちょういっせき》にできるものではありません。また、いくら素敵なモノを集めても、部屋全体に、好きではないモノ、どうでもいいモノが散らばっているのでは、せっかくの素敵なモノが埋没してしまって引き立ちません。

ですから、買い物に走るより先に、部屋からキライなモノを消去してしまうことの方がずっと大切なのです。このとき残るのは、好きなモノか、好きとまでいかなくても、少なくとも毎日便利に使っている役に立つモノです。

こうなれば、ぐるっとお部屋を見回しても、棚や引き出しの中を覗《のぞ》いても、イラッとすることがなくなります。そのうえ、部屋にあるモノの総数が減りますから、残ったモノの一つひとつがクローズアップされてきます。すると、それぞれのモノの利用頻度が上がったり、今まで思いつかなかった使い方が浮かんだり、モノを活用することが増えるのです。持っているモノをすべて生かしきることは、とても気持ちのいいものです。

モノを間引くことによって、部屋がスッキリ広々とするだけでなく、無駄なモノを持たないことで、精神的にもゆったりと落ち着いた気分になるのです。

収納家具を買わない

40代も近くなる頃には、今までの人生の足跡を示すように、たくさんのモノがたまってきていると思います。服や本がその筆頭で、家具や家電のような生活用具、食器や調理器具、スポーツや手工芸などの趣味関連のモノ、学用品や図工の作品など子供のモノ……。

「最近、家の中が片づかない……」と感じるようになっていたとしたら、それは、増えたこれらのモノのせいといって間違いないでしょう。別段「捨てられない人」ではなくとも、生きていれば誰でも、多かれ少なかれ、このような「いつの間にか増えてしまったモノ」と一緒に暮らしているものなのです。

増えたモノのうち、生活空間を圧迫する多くのモノに共通するのは、

「今（は）使っていない」

ことではないでしょうか。

「今（は）使っていない（スポーツ用品だ）けど、またやるかもしれないし、そのとき新しく揃えると高いから……」

「今（は）もう着ない（スーツだ）けど、子供が大きくなって再就職したら着るかもしれないし、その頃にはまたヤセてるかもしれないし……」

そう思えば捨てられないのは当然です。だって、もったいないですものね！

これらを捨てられないのは仕方ないとして、ここで思いとどまっていただきたいのが、

「これらのモノのために、新たに収納家具を買うこと」

もちろん、出しっぱなしは片づかなくて気分が悪いのはわかります。でも、それこそもったいないことになりはしませんか？　それらを次に開けるのは、いったいいつになるでしょうか？　もしかしたら、ほとんど開けることのないまま、また次の収納家具を買う羽目《はめ》にはならないでしょうか？

私がいちばん恐れるのは（私も経験済みですが）、いざそれらを再び使う日

がやってきて、喜び勇んでフタを開けたら、大事にしまっておいたモノが、自然劣化して表面材がボロボロはがれおちたり、接着剤が風化して分解したりして、まったくものの役に立たなくなっていることです。

捨てられないモノがあるのは仕方ありませんが、だからといってそれらを生活空間の中に収納していることで、今現在を生きている、その空間の主人である自分たちの活動領域が侵《おか》されてしまううえ、大事にとっておいたモノが結局は使えないのでは元も子もありません。

そこで取りうる対策は次のようなものです。

1　収納は増やさず、仕切りや棚板を増やして対処する。
（モノの出し入れが少々しづらくなる）

2　ベランダストッカーや床下収納、天袋やベッド下、あるいはレンタル倉庫など、なるべく「生活空間の外」に収納するようにする。
（持っていることを忘れがちなので、覚書を作っておく）

3　自分以外に、今現在それらを有効利用してくれる人に貸す。

（元の形では返ってこない恐れもある）

それぞれカッコで示したようなデメリットはあるものの、「捨てたくない」と「部屋を狭くしたくない」を両立する方法としては、実は3がベターではないかと思っています。

夫のモノ、どうしてますか？

次第に家の中のモノが増えて困っている人の中には、「自分のモノは潔《いさぎよ》く捨てられるタイプなのだが、夫や子供が捨てられない性格で、勝手に捨てると怒る」

という悩みを持っている人が少なくないようです。

「捨てられない」というと、女性の専売特許のように思われがちですが、実は、意外に男性にも多いのがこのタイプ。

捨てられない男性にもいろいろで、一つは①「コレクタータイプ」。凝り性でカタログ大好き、自分が気に入ったコレクションをコンプリートするためなら、金に糸目はつけません。家族から見たら「コレのどこがいいの？」というようなモノを山のように集めては整理分類し嬉々《きき》としています。

片や、そんな蒐集《しゅうしゅう》趣味はないくせに、②「何となくモノを捨てないタイプ」がいます。たとえば、新しい服や靴を買ったので、古いのを捨てれば？　とうながすと、きまって「どうして？　まだ使えるじゃない」と言って捨てたがりません。モノに対するこだわりがない割に、「捨てる」ことを億劫《おっくう》がるタイプです。こういう人は、高校時代のジャージを社会人になっても平気で着ます。中には、①と②の混合型もいて、これはかなり手ごわいです。

夫やそれに準ずる男性が「捨てられない」タイプで、家族がどんなに迷惑を被《こうむ》っていようとも、妻が強権発動して勝手に処分することだけは、やめておきましょう。困るのは山々ですが、夫とはいえ他人のモノを勝手に処分する権利は、妻といえどもないと思います（腐敗に向かうなど、明らかなゴミは別）。

また、他人のモノは、大概、どうでもいいモノに見えるものです。

捨ててくれなくて困っているなら、その対処法を、彼と一緒にゆっくり時間をかけて探った方がいいでしょう。その間のしのぎ方としては、前項の2（生活空間の外に収納）が最適です。ちなみに、同居の両親のモノについても同様でいいと思いますが、親世代を説得するのは、夫以上に困難であることは覚悟しなければならないでしょうね。

子供のモノは「編集」する

子供のモノで処分できず困る筆頭は、もちろんおもちゃ。

子供がまだ小さい場合に困るのは、もう遊んでいないと思われるおもちゃを「これはそろそろ捨てよう（誰かにあげよう）ね」と言うと、「ヤダヤダ、まだ遊ぶ！」と駄々をこねられ、結局捨てられない、でも後で見ているとやっぱり遊んでいない――というケースです。

子供の気まぐれな執着心に付き合うのも疲れるものですが、この場合も、力ずくで処分することはやめておきましょう。しかし、存在を忘れているようなら、やはり63ページの2を適用して生活空間の外に出し、「あのおもちゃ、どこ⁉」と騒ぎ出したときに出してやれば済むことです。子供がもう少し聞き分けがつくようになったら、親子できちんと話し合えば、恐らくその頃にはスムーズに処分できるようになっているでしょう。

子供のモノに関しては、子供自身というよりは、親の気持ちとして「捨てられない」ことがままあります。

子供が最初にはいた靴、子供が最初に描いた絵、幼稚園で作ってきた作品、母の日に贈ってくれた謎の工作物、お気に入りの人形、おもちゃ、ベビー服から幼稚園の制服、長じてはランドセル、賞状やトロフィーなど、捨てられないモノは年とともに増える一方です。

もはや子供の方は特段の執着を示さないのに、親の方は、整理しながらそれらを見つめては涙目になっているのですから、これは捨てられません。しかし、空間は限られています。お子さんが将来、ノーベル賞を受賞する予定があって、「うちの子博物館」を建てる計画を立てているのでない限り、すべてをとっておくのはあまり現実的ではありません。では、どうしたらいいか。

考えられる最善の妥協策は、「編集」することです。

友人がＣＭ制作の仕事をしていて、その現場を見せてもらったことがあるのですが、ＣＭの撮影というのは時間がかかるものなのですね。あんな短いオンエアのために、何日もの撮影日数をかけ、同じ演技を何テイクも繰り返す。そして、その中からベストの映像だけを選《え》り抜いてつなぎ、たった15秒のＣＭが完成するのです。あの15秒は、何十時間もの苦心のたまものなのです。

それと同じように、今まで集めた思い出の品の中から、「これは」と思える優秀作品や、子供の幼い頃を象徴するほんの数点を、選抜に選抜を重ねて残してはどうでしょう。そして、それ以外は処分する。たとえ残るのがわずかな数だとしても、15秒のＣＭと同様に、それには子供の小さい頃の思い出すべてが凝縮されることになるのです。もちろん、処分するのは、写真に撮ってからでかまいません。

子供はいつか成長して出ていくのです。出ていってくれないと困るのです。そのとき持たせてやる「思い出箱」が一つだけあれば、それでいいのではないでしょうか？

それとは別に、40代にはまだ先のことかもしれませんが、もう育って独立した子供が、いつまでも自分のモノを実家に置きっぱなしにしていて、それが両親の生活の邪魔になっている場合があります。さらには、自分の家で邪魔になったモノを、勝手に持ち込んだり送りつけたりして、実家を倉庫代わりにしていることも……。

こういうモノが邪魔なのであれば、予《あらかじ》め通告を出し、執行猶予を与えたのち、処分してしまうか、持ち帰らせてかまわないと思います。いい大人を甘やかす必要はありません。親は親で、残りの人生をスッキリ気分よく暮らさなくちゃならないんですから。

「掃除と探しものがラクになる」を目指す

スッキリ広々がいいからといって、ではモノは減らせば減らすほどいいかというと、何もないのがいちばんいいかというと、そういうものでもありません。

確かに、モノが少ないことは爽快《そうかい》ですが、必要なモノの数は、あくまで暮らしとのバランスによって決まります。自分の暮らしのスタイル、生活の技術を考えず、モノばかり減らせば、途端に暮らしにくくなるし、楽しくありません。ヘタをすれば、モノを減らすことが自己目的化した、単なるガマン大会になってしまう恐れがあります。

たとえば、料理の技術が低い人が、電子レンジが邪魔だからといって処分してしまったら、今まで「レンジでチン」に頼っていた食事を、一挙に自分で作らなければならなくなりますが、それは強いストレスをもたらします。

モノが少なくても暮らせることは事実ですし、そういう暮らしを苦にしない人もいますが、自分がそういう人と同じ健康さを持っているか、同じレベルの生活技術を持っているかをよく考えないと、結局は再びモノを増やすことになってしまいます。

モノは、少なければ少ないほどいいとか、偉いというものではなく、自分の暮らしにちょうどいい数があるかどうかが大切なのではないでしょうか。ただ、そのバランスを見極めるのは、取りも直さず、「自分のサイズ」を見極めることとイコールであり、それは自分自身と直接対峙《たいじ》する、意外に難儀な行為なのです。それが面倒なばかりに、

「すべて捨ててしまえ！」

と、モノを持つことを一律に否定することは、逆に、モノと向き合うことから逃げているだけに過ぎないのかもしれません。

自分も、自分の暮らしも、時々刻々と変化します。変わりゆく自分とモノの

関係を見つめながら、それを調整していくことには、一定の時間がかかります。ですから、一思いにエイヤッと捨てるよりも、一つずつ、少しずつ間引いていく方が、長い目で見ると、自分とモノのいい関係を作っていけるでしょう。

ただ、その際にも、何らかの基準があった方が便利ですね。

「どのくらい間引けばいいか」の基準で迷ったときは、「掃除と探しものがラクになる」を目安にするとよいと思います。

たとえば、今まで、何かをどかさないと掃除機や雑巾がかけられなかった場所の掃除が、スッとラクになる。

モノが少なくなったので、探しものがすぐに見つかる。そもそもなくさなくなる。

その状態のうえに、本当に好きなものを、少しだけ。

それはとてもくつろげる、居心地のいい空間になるでしょう。

4章

モノを削ぎ落としてラクになる

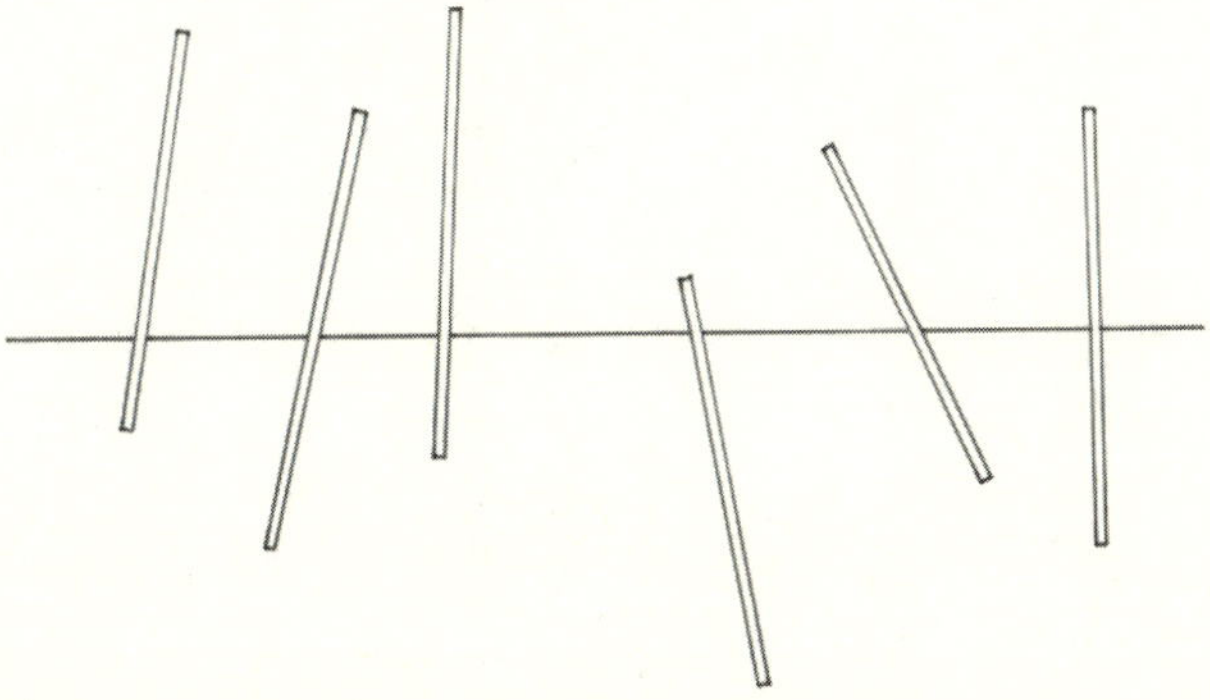

モノを減らすのはタイヘンそう……と思ったら

「モノを減らす」

というと、うんと気力をたくわえてから、時間をたっぷりとって、まなじりを決して行なうことのように思われていますが、現実的には、それはなかなか大変なことです。気力もさることながら、体力も要りますし、周囲の協力も必要。最近では、モノの処分にお金のかかることも多いですしね。

普通は、気力・体力・時間が全部揃うことなんて滅多にありません。そのせいで、モノを減らすことがじりじり先延ばしになっているのだとしたら、もったいないことです。

「大々的に捨てなくても、ひとりでにモノが減っていってくれたらいいのに」

たしかにそうですね！　でも、それ、できるんですよ。それも、意外に簡単に。

モノは、家の中に、毎日入ってきたり、出ていったりしています。入ったきりなかなか出ていかないモノもありますが（耐久消費財）、食べてしまったり、もう使えなくなって捨てたり、もらい手を見つけたり、値段がついて売れていくモノもあります。

暮らしていれば、モノは自然に出ていくのですから、意識的にその数を増やしつつ、かつ、入ってくるモノを減らせば、最終的にかなりのモノが減らせます。そう、ダイエットでいえば、「毎日少しだけ運動して消費カロリーを増やし、毎日食べていたおやつをやめることで、摂取カロリーを減らす」ようなものですね。どちらも、あまり負担ではないのに、合計するとかなりのカロリーを消費したことになります。

これと同じことを、モノで実践すれば、モノを減らす負担感なしに、いつの間にか家の中がスッキリしていきますよ！　ここでは、この「毎日少しだけする運動」と、「やめるおやつ」の内容を考えていきたいと思います。

40歳になったら、しまいこんだモノはガンガン使う

ダイエットの「消費カロリーを増やす」（運動）に当たるのが、モノを減らす上では、

「しまいこんでいたモノをどんどん使う」

ことです。

あなたの家にはありませんか？

「まだ使えるし、傷《いた》んでいないけど、使っていない。売ることも、あげることもできない」死蔵品が。こういうモノを捨てるのは、とてもむずかしいものです。

私は、人がモノを捨てられない最大の理由は、

「使い切っていないモノを捨てることに対する罪悪感」

にあるのではないかと思っています。

たとえば、私は服をあまりたくさん持っていません。服が少ないと、1着の服の着用頻度は高くなります。たとえば、ジーンズのような服の場合、がしがし洗いながら着ることになりますから、当然、傷むのも早いのです。

1本しかないジーンズを毎日のように穿《は》いていたら、膝《ひざ》やお尻の部分がすっかり薄くなってしまい、ついには穴があいてしまいました。この穴を繕《つくろ》って着る人もいるかもしれませんが、私は「もういいや」と思ったので、気持ちよく捨てることができました。

どんなに気に入ったモノも、使って使って使い倒してボロボロになるまで使えば、心は満足して、気持ちよく捨てることができるのです。

これは、そのモノが高かったか安かったか、もらいものだったかとは関係なく、

「モトをとった」

という満足感が、処分を迷わせないのではないでしょうか。つまり、捨てるためには、使わなければならないのです。

傷むまでトコトン使う必要はありません。ただ1回でも、使ってやりましょう。そしたらわかるのです。死蔵していたくらいですから、着たり穿いたりして使えば、やっぱり違和感があるし、楽しくないということが。それは、モノとしては「まだ使える」状態であっても、あなたとの関係においては「もう使えない」モノだからです。使うことでそれが実感できたら、今度は潔く捨てられるのではないでしょうか。

また、化粧品のサンプルや、ホテルから持ち帰ったアメニティ、使いかけの洗剤なども、毎日の暮らしの中で、どんどん使っていきましょう。タオルも、どんどんおろして、古いものは掃除に使って捨てましょう。その間、いつも使っている化粧品や洗剤などは新たに買いません。こうして、次第に在庫が減っていきます。

「ここいちばんのために」とっておいた食器や香水など高級品も、足腰が立つうちにどんどん〝日常使い〟にしてしまいましょう。足腰がきかなくなり、寝たきりになってから重宝する「高級品」は、介護用品なんですから。

このとき、「片づけ」や「整理整頓」なんてしなくて結構です。なまじそんなことをやり出すと、またぞろ「きれいにしまいこむ」ことに熱中してしまいます。今必要なのは、モノをきれいに見せかけるためにしまいこむことじゃなく、しまいこまなくていいようにモノを使ってしまうことなんです。

使うのと同時に、モノを家に入れなければ、しまいこんでいたモノは次第に消えていき、家の中のモノの総量が減っていくので、家具や家電といった、捨てづらい大きなモノを処分するのも、次第にラクになっていくでしょう。片づけるのは、そうなってからでも全然遅くはありません。

――タダのモノをもらわない――

「運動療法」と並行してやっていきたいのは、「おやつをやめる」でした。40代になったらまっさきにやめたいおやつが、「タダのモノ」。

今どき、黙っていてもタダのモノは生活に流入してきます。どういうわけか送られてくる分厚い通販カタログ、街頭で手渡されるティッシュや各種サンプル、飴《あめ》が1個だけついたパンフレット、夏にはウチワ、買い物すれば、有無を言わさずレジ袋にねじ込まれる皿や小鉢やミニタオルの「粗品」、通販でモノを買えば、買った商品とそっくり同じモノがもう1個ついてくる……。

「タダだから、いいや」

「気に入らなければ、捨てればいい」

という姿勢が、どれだけ家の中を狭苦しくしているかは、40代になればすでによくわかっているのではないかと思います。「捨てればいい」といって、軽やかに捨てられる人はあまり多くありません。たとえ安物でも、どこも傷んでいない新品を捨てるのは心が痛むものですし、だからといってそんなモノ、誰ももらってくれません。であれば、最初からもらわなければ、家に置いておく間のイライラも、いちいち分別して捨てる手間も、必要ありません。

タダのモノを使えば、節約になるように思ってしまいますが、タダでもらえたモノが、本当にあなたの好みにピッタリだったためしがありますか？　たとえ日常使いのマグカップであれ、消耗品のタオルであれ、というよりむしろ毎日使うそういうモノだからこそ、いい加減なモノを使っていると、心に小さな不満が鬱積《うっせき》していくのです。そしてある日、出先でちょっとよさげなモノに出会ったとき、その不満が爆発して、

「これは私に必要なモノだわ！」

という錯覚となって、無駄なお金を使ってしまうのです。

タダより高いモノはない、と昔の人が言ったのは、真実を衝《つ》いていると思います。必ず使う消耗品以外は、タダのモノはなるべく排除して、本当に気に入った、使い心地のよいモノだけを「自分で」選ぶことが、長い目で見れば、暮らしの質を上げ、無駄なお金を使わないで済むおトクな選択肢なのではないでしょうか。

ポイントやクーポンにだまされない

「節約」を心がけていると、とかく「おトク」という言葉に敏感になります。お金を払うときは、1円でも安い方を選ぶことが賢いと思われがちですが、本当にそうでしょうか。

昔、節約が趣味だという友人の財布を見せてもらったことがあります。その大きさにビックリ！　2つ折り財布がまるで「球」のようにふくらんで、中には、年会費無料のクレジットカードが何枚も、それに日常買い物をするスーパーやドラッグストアをはじめ、さまざまな店舗のポイントカード、ファミレスやカラオケで配っている無料クーポン券や割引券……。

私も、若い頃は、何となくもらっていたポイントカードやクーポン券を、専用のカードフォルダーまで使って管理していました。こうして収納しておけば、レジの前で慌てなくて済むと思って……。

ところが、そのフォルダーでさえ、あっという間にいっぱいになってしまうのです。それほど、私の生活が「買う」という行為にからめとられ、買うことなしには1日も暮らせないという現実を突きつけられたようで、ゾッとしました。そして、分類収納はしたけれど、半年も1年も使わないカードまで持ち歩いている自分に気づいたとき、私はこれらを受け取らなくなりました。

今では、財布の中には、本当によく使うお店のカード2～3枚と、クレジットとキャッシュカードを兼ねた1枚だけが入っています。レジで手渡される無料券は、その場で断るか、急いで捨ててしまいます。

こういうモノを使うと、賢いお買い物ができそうに感じますが、実際は、何カ月もスタンプを押し続けてもらったあげく、ほんの数百円の商品券（しかも期限つき）、別段欲しくもないお弁当箱などがもらえるだけ。

また、いつもいつも同じ店を利用するわけではないので、たまたま入ったお店でまた新たにポイントカードを作らされて、ポイントが分散されたり、もっとつまらないことには、「ポイント2倍デー」などという言葉につられて、買う予定のなかったモノまで買ってしまい、在庫を増やしてしまうことさえあります。

これらの「特典」と、カードを分類し収納し携帯し、期限が切れていないか常に目を光らせるという手間を秤《はかり》にかけたら、普通の消費生活を送る人にとって、「特典」はあまりにもちっぽけです。

ポイントやクーポンを活用し、無料のモノがあればガンガンもらって使っている、という例の友人が、お金が貯まったという話は、ついぞ聞いたことがありません。「お金を使わない」というより、「ポイントを貯める面白さ」を重視していたようですから、それはそれでいいのかもしれませんが……。

大切なのは、「おトク」という魅力的な言葉に幻惑されてゆがめられる、私たちの消費行動です。こういう買い方が、毎日の暮らしを狭苦しく、ゆとりなくさせているのだとしたら、もったいないと思いませんか？

「安くてたくさん」をやめる

生きていれば、黙っていてもモノは出ていくので、その上で、さまざまなモノが家に入ってくる入り口を狭めれば、モノが減る速度は加速します。

では、どのようにすればいいか。

まず、買い物の仕方を変えてみます。

今まで、食料品や消耗品などを買うとき、「たくさん入っていて、安い方」を選んでいたとしたら、それをやめてみます。そして、「必ず使い切る量を、こまめに買う」に変えてみてください。ソンするような気がするかもしれませんが、本当にそうでしょうか？

タイムサービスの「詰め放題」、ティッシュペーパーやラップフィルム、缶詰や調味料の底値買いだめ、1枚2500円のシャツが3枚なら5000円。

数字だけ見れば、一見トクをしているようですが、詰め放題で買い込んだしいたけやピーマンは、結局食べきれず、気がつくと野菜室の下の方でしなびてしまい、思いつきで次々に買うラップフィルムは、知らない間に台所のあっちにもこっちにも、つごう10本もたまり、おまけに気がついたら粗品でもらったものも含まれている。3枚5000円のシャツのうち、1枚だけは頻繁に着ているけど、1枚は着てみたら顔色が悪く見えたのでお蔵入り、キライな1色は袋からさえ出さないままで、これでは1枚5000円のシャツを買ったのと変わらない——。

もうおわかりのように、こういう買い方は、一見賢い節約をしているようで、実はとてもソンをしています。これも、「モトをとった」心の満足感がないからです。

モトをとっていないモノというのは、使わず、捨てることもできず、あちこちに積み上がって家の中を殺伐とさせます。だから、毎日掃除をしているのに、いつまでたっても部屋は片づかず、気持ちが満たされていないので、またぞろ何か買いたくなってしまう。もっとたくさん、もっと安く買えば、心は満たされるのでしょうか？

目先の数字のマジックに幻惑されて、結局は生活空間を雑然と窮屈《きゅうくつ》にし、暮らしの質を落としているのだとしたら、それはもうやめましょう。一見ソンに見えても、

「必要なモノを、必要なときに、必要なだけ」

買うスタイルは、片づけやすい部屋と、落ち着いた暮らしの基礎を築いてくれます。

もう買い直さないつもりで買う

若い頃は、自分がどうなりたいか、どんな暮らしをしたいかというイメージもつかめていないし、住居や仕事も不安定だし、何しろお金もないので、とか

く暮らしが「間に合わせ」的になりがちです。

「ちゃんとしたのが買えるまでもてばいいから」とばかりに、量販店やホームセンターで1日で揃えた家具や家電、100円ショップで揃えた生活用具で暮らす若い人は多いでしょう。それはそれで仕方のない面もあります。

しかし、20代、30代と成長してきた過程で、ある程度、自分のスタイルができているはずです。雑誌やテレビで紹介される「憧れのライフスタイル」とは別に、自分の好きな色や形、ブランド、自分にとって必要なモノとそうでないモノが確立されてきたのではないでしょうか。

40代で消耗品以外のモノを買うのであれば、それが些細《ささい》なモノであれ、なるべく「もう買い直さない」お買い物にしたいと思いませんか？

「本当はこんな色でこんな形のが欲しいんだけど、まあ今日はコレでいいわ」という買い方、40代になったらもったいないです。だって、この先買い換えるチャンスはそうないかもしれませんよ？　本当はそんなに気に入っていないモノに限って、いつまでも壊れずに家に居座るものなんですから。

それに、間に合わせで買ったモノが、たとえ安かったとしても、決してタダじゃありません。間に合わせでモノを買わないことは、本当に欲しいモノを買うとき、その値段から「間に合わせ」の値段が差し引かれるようなものです。

今、ガマンすれば、家の中につまらないモノを入れてしまう危険を避けることができるのです。

私の家には、長年ソファがありませんでした。

実は、結婚当初、「こんなところでいいか」と妥協して買ったソファはあったのですが、その頃のライフスタイルが、「ソファでくつろぐ」ものではなかったこと、ソファの上についついモノを置いてしまうクセが改められなかったことから、ほんの数カ月で、高齢者施設のバザーに出してしまいました。そのソファは、手ごろな値段でしたが、本当に欲しい素材やデザインではなかったし、その頃の私には、ソファのある生活を楽しむ能力はなかったのですね。

子供が小さい頃は、ソファはジャンプ台になりそうだったし、家を広々と安全に使いたかったので、それからもしばらくは置きませんでした。しかし、心の中に「ソファが置けるような暮らしになったら、こんなのが欲しい！」というイメージは、絶えず持ち続けていたのです。それからそのイメージにほぼ近いソファを買うまで、人の家にあるソファを観察し、いろいろなお店を見て歩き、店員さんに質問しては情報を集め、5年近くかかりました。

今では、そのソファは毎日活用していますし、家族一同、頑張って物置きにならないよう努めています。色も形も、家族皆が大好きなので、毎日、楽しんで使っています。

本当に欲しいモノを、選びに選んで買うことは、手元にあるお金を、何倍にも有効に生かすことになり、家の中をゴチャゴチャさせない特効薬でもあるのです。

買う場所を選ぼう

私が意識して暮らしをシンプルにし始めたのは、最初の子が生まれてからでした。何度も大がかりにモノの整理をして、洋服や家具、雑貨など、たくさんのモノを処分しました。そのたび家の中が一挙にスッキリして、それは快適でした。処分したからといって困ったようなことは、一度もありません。

このとき、処分の対象とならずに残ったモノを眺めていて、気づいたことがあります。

捨てずに済んだモノというのは、使う機会が多く、いろいろな場面で使うことができ、使いやすくて便利にしていたモノばかりです。つまり、自分にとって「いいモノ」だったのですね。

それらに共通していたのは、

「買ったときのことをはっきり思い出せる」

ことでした（いただいたものもありましたが）。

たとえば、洋服に特に多かったのですが、残った服のほとんどが、じっくり試着して、お店の人と会話して、時間をかけて買ったものだったのです。

以前は、セールになれば3割引、半額になる洋服を定価で買うなんてつまらないと思っていました。そこで、セールの時期に勇んで買い物に出かけるのですが、ごった返した店内では、試着室もいっぱい、鏡の前で服をあててみて、

「入りそうだからいいや」

なんて、適当にひっつかんで買ったあげく、家で着てみたら見事に似合わなくて、しかもセール品だから返品もできず……などという経験をよくしていたのです。

ところが、シーズン初めに、セールになったら買いたい服の下見に……と入った店で、店員さんの話を聞いているうちに、お店もヒマな時期だからか、

「ちょっと待っててくださいね。こんなのも入ってきたんですよ」

「お客様なで肩だから、この肩パッドはどうですか？」
なんて、他の店から持ってきてくれたり、
「お手持ちのシャツと、こんな組み合わせもいいですよ」
と、コーディネイトを教えてくれたり。

とうとう正価で買ってしまったそのスーツは、その後何年も気に入ってクタクタになるまで着ましたから、十分モトをとりました。正価には、ゆっくり品定めできる時間と、店員さんを独占することによる、豊富な情報が含まれていたのだということが、このとき初めてわかりました。

服以外でも、セールや通販で、お店の人と話さないで、値段と自分の好みだけで買ったモノは、結局後で使いづらいことに気がついたり、自分や自分の家に合わなかったりして、だんだん使わなくなっていったモノが多く、そういうモノは結局、モトをとらないうちにゴミになってしまったのです。

それからも試行錯誤《しこうさくご》はありましたが、度重なる失敗に学んで、40代の私が至った結論は、

「お店の人と会話をして買ったモノは、少々高くても、だいたいモトがとれる」ものを尋《たず》ねることができる人がいないようなお店は、たいてい激安が謳《うた》い文句で、品揃えは豊富なのですが、広い売り場にはほんのわずかなアルバイト店員さんしかおらず、何か聞いても要領を得ません。こういう店で買うとしたら、聞かなくてもわかるような消耗品・定番品に限った方がいいようです。

専門店や百貨店なら、お店の人に、使い方や手入れ法を尋ねるだけでなく、その商品の作り方や原材料の話、作っている人のプロフィールや、お店の人自身がどうやってその商品を使っているかなど、さまざまな情報を吸収できますから、買い物自体の満足感が高く、使い方がよくわかっているので無駄になりません。

カタログ通販やネット通販にも良い品はありますが、利用する際は、必ず、メールなどでやりとりをしてから買うことにしています。そうすると、つまらない失敗を予め防ぐことができ、返品のリスクも減るからです。

こういう買い方をするようになってからは、買い物の失敗が減りました。すると、使わないモノが増えたりしません。買い物に時間がかかるため、そうしょっちゅうはできませんが、それにも、つまらないモノを増やさないメリットがあるので、今では、少ない買い物の機会をめいっぱい楽しむ方がいい、と思っています。

5章

40歳からは「気に入ったモノ」とだけ付き合う

モノとの付き合い方はお金との付き合い方

家にあるいいモノは「惜しみなく使い」、タダのモノは「もらわず」、「おトク」「安くてたくさん」より、「必要なだけ、必要なときに」、「お店の人と会話して買う」。——こういう買い方は、一見「節約」とはかけ離れているように感じられるかもしれません。

でも、実際は、こういう買い方をするようになってからの方が、私はお金を無駄にしなくなりました。

自分の中に「買っていい基準・ダメな基準」ができたので、それにしたがって買い物しようとすると、「やっぱりやめておこう」となることが多いからです。

モノを買わなく（もらわなく）なれば、何もしなくても、自然と家の中はスッキリしてきます。しかも、家に入れるのは、自分で決めた基準をクリアしているモノなので、大切に使おうという気持ちが湧いてきますし、目に入ってもイライラしません。やっぱり気に入らないから捨ててしまおうということも減ります。

「本当に気に入るモノ」

って、誰でも案外そう多くはないはずです。

女性の場合、洋服を探すときに感じませんか？

「色はいいけど、デザインが……」

「素材はいいけど、丈が……」

皆、ちょっとしたディテールにこだわりを持っていて、それは既製のモノではなかなか満たされません。

このとき、「ちょっと違うけど、まあいいか」という買い方さえしなければ、後々結局たんすのこやしになる服の、収納や片づけや処分に悩むこともありません。

持っているモノは少ないけど、どれもとっても気に入っている！　という状態であれば、すべてのモノが即戦力なので、迷いがなくなります。

　もし、一つひとつのモノが、多少高価だったとしても、その一つを、よく手入れして、いくつもの使い方で使いこなせば、数は少なくて済みます。持っているモノが少なければ、お手入れもラクです。モノが少ないほど暮らしが豊かになり、同時に、無駄なお金を使うことが減り、お金を使う機会そのものが少なくなります。結果、節約を目指していたときよりも、お金が残ることもあるのです。

　このように、モノとどう付き合うかは、お金とどう付き合うかをはっきり表わしているといえるのではないでしょうか。

つまらないモノがつまらない自分を作る

『生物と無生物のあいだ』の著者・福岡伸一《ふくおかしんいち》先生によると、人間の細胞は（全部ではないものの）食べたものと絶えず直接置き換わっていき、分子レベルでは1年も経てばまったく別物に変わってしまうということでした。

つまりそれは、大雑把に言えば、

「1年後の私は、1年間食べたものでできている」

ということですね。

食べたもの＝自分、と言われると、考えさせられます。この1年、私は何を食べていただろうか？　今の私の体は、ちゃんとした食べものでできているだろうか？

食べものに関しては、皆気を使います。しかし、毎日使うモノについては、そこまで考えないことが多いのではないでしょうか。でも、もしかしたら、同じかもしれませんよ……。

毎日使う茶碗やカップ。台所のタワシやスポンジ、ふきん。筆記用具やメモ用紙、靴下や枕カバー。

これらは、いったん外に出れば、人目にふれることがありません。多くの人は、人の目にさらされないモノより、洋服やバッグ、アクセサリーといったモノにより注意を払います。それはそれで正しいのですが、

「どんなに素敵な装いをしていても、家に帰ると、好きではない、どうでもいいモノに囲まれて暮らしている」

というのは、ちょっとさびしい気がします。

コンビニ弁当やファストフードばかり食べていた体が、風邪をひきやすくひ弱になってしまうように、粗品や100円ショップで揃えた日用品ばかりを使っていると、心がひ弱になってしまわないでしょうか？

モノはモノに過ぎませんが、毎日使うモノは、自分の暮らしを構成するのに欠かせない大切なモノ。使っているうちに、次第に自分自身と一体になるのです。

もし、毎日使うこういったモノが、本当は見たくない、好きではないモノだったら、私たちは毎日、自分の心を少しずつ損なっているのかもしれません。

つまらないモノを食べれば、つまらない体ができ、つまらないモノを使って

いると、つまらない自分になってしまう――。それは、もったいないことです。

外見のことばかり考えていた若い頃と違って、40代は、毎日の暮らしを充実させたい。そう思うなら、少しずつ、毎日使うモノを、本当のお気に入りに入れ替えていきたいですね。

「服が合わない！」悩める40代のファッション・コスメ

自分のこととしてもよくわかるのですが、40代は「着るモノ」に悩むお年頃です。

30代も前半までは、20代の延長で何とかなったのですが、後半になると次第に厳しくなります。特に、出産・育児を経験した場合、体型が大きく変化することが多いので、なおさらです。

そして、40代になると、突然気がつくのです。30代で着ていた服が、ある日突然似合わなくなっていることに。一見、体型が変わらなくても、これは歴然と訪れる変化で、その日を境に、女性は服に悩むことになるのです。自分の体験としても、周囲の人たちの話を聞いても、それは大体、42歳前後に訪れる変化のようです。

最も大きな変化は体型です。脂肪のつく場所が30代とは変化し、体重は変わらないのに、それまで着ていた服のあちこちが合わなくなってきます。つまり、「体の型紙」が変わるのです。袖ぐりがきつく感じ、腕を上げるのが窮屈になり、袖や胸に変なシワがつきます。

肌も変化します。それまではシックに映っていた黒や茶色、灰色が、肌をくすませ、シミやシワを強調するようになっているのですが、自然光の下で自分を見ない限り、なかなかそれに気づきません。

この頃から、それまでになかった落ち着いた雰囲気が備わっていくのですが、着ているモノが相変わらず、若者を意識したデザインだと、服と本人が乖離《かいり》していきます。つまり、しっくりしなくなってくるのです。

これらの変化のため、20代からずっと買ってきたブランドを変えざるを得なかったり、若い頃の服が、着ていてなんだか楽しくなくなるのです。多くの女性にとって、40代は、ファッションの転換期なのだといえるでしょう。

40代のファッションについて、長年、表参道《おもてさんどう》でハイファッションのリメイクのお仕事をされてきたマダムに、

「どうすればいいんでしょう?」

と質問したことがあります。答えは、

「40代は、もう〝いいモノ〟を着ていないと（着ていても、見ていても）難しい年代なのよ。ただ、子供の教育や家のローンなど、人生でいちばんお金がかかる時期でもあるから、実際は難しいのよね。だから、それまで着ていたモノを、今の体型や雰囲気に合うようにリメイクしたり、服を買うときは、本当に質のいいモノを少しだけ買って、いろいろに着回す知恵が必要ね」

これを聞いて、私は心底納得しました。

百貨店のミセス向けフロアを観察していても、40代の姿は少なく、50代以上

のお客さんばかり。確かに百貨店で売られている服は、品質は良いものの、価格の点で、自由にお金を使えるほかの世代とは違ってなかなか折り合わないものです。

結果、量販店や、若い人向けのお店で服を買うことが増えるのですが、それは、確保したい品質（生地、縫製）や、40代に即した型紙、デザインの点で、妥協を余儀なくされる場合が少なくありません。

結果、不満が残る→新しい服が欲しくなる、では、本末転倒だと思うのです。やはり、40代には40代のファッションが必要なのではないでしょうか。

それを、家計の視点で考えるとき参考になるのが、総務省統計局「家計調査年報」という資料です。これによると、「2010年の1世帯（3・09人）が1年間に支出した被服費は14・63万円（履き物含む）」だそうです。これは総消費支出（手取り収入－税・保険）の4・2%に当たります。つまり一人分の被服費は、総消費支出の1・36%、およそ4・7万円という計算になります。

この数字はあくまで統計上のものですが、自分の家の被服費、さらに自分の被服費に当てはめて考えることで、一つの目安になるのではないでしょうか。

40代のファッションは、外見の変化、家計の変化に巧みに対応していくことが必要です。むやみと数ばかり増やすのでなく、

「本当に似合うモノを、少しだけ、よく手入れして」

「予算の範囲内で」

揃えていくよう、年単位で計画を立てていくといいと思います。

コスメも同様です。若い頃と違って、メイクアップ用よりも基礎化粧品の方に予算が必要になってきます。ここでいったん、洋服と同様に、自分の手持ちの化粧品を棚卸ししておきましょう。

私自身は、化粧ポーチに入るだけの化粧品しか持っていませんが、不自由はしていません。気に入った1アイテムを各1個か2個だけ持つようにすれば、収納に困ることも、使いかけが何個もたまることもありません。

中途半端な使いかけ、流行おくれの色、趣味に合わない海外みやげなどは一掃し、本当に戦力となるアイテムだけを持つようにしたいものです。

40代のファッション計画シート

3ステップでクローゼットがスッキリ！

❶手持ちの服を把握する

	手持ちの服《アイテム》 （重複、古いモノは処分）	足りない服《アイテム》
インナー		
トップス		
ボトムス		
アウター		
他（靴、バッグなど）		

❷年間予算を出す

※世帯収入の1·5～3%　＿＿＿＿＿＿＿＿＿＿円

❸❶の「足りない服《アイテム》」を❷の予算をもとに厳選して買い足す

便利グッズは買わない

家事に関心も意欲もないのに、家事を担当することを余儀なくされた若い頃は、何かとモノに頼りがちです。店頭で新製品の洗剤やお掃除グッズの使い方のデモンストレーションをしていたり、テレビで家事の達人が紹介していたりすると、ついつい飛びついてしまうもの。私も、若い頃は覚えがあります。

「なんて画期的！　コレさえあれば、面倒な家事があっという間に片づくかも！」

でも、たいていの場合、その画期的な便利グッズは、1回か2回使っただけでお蔵入りになり、年末の大掃除の頃、フタが締まらず液ダレが固まった洗剤が2本も3本も一緒に見つかることになるのです。

とても自分に合って使いよく、手放せない一品にめぐり合えれば幸いですが、なかなかそういう幸運には恵まれません。目新しいモノを使いこなせないタイプの人は、掃除でも洗濯でも、結局は、昔から使っている、単純でわかりやすい道具を使う方がいいのではないでしょうか。――私はこのタイプです。

40代にもなれば、家事にもある程度「自分のスタイル」ができている人が多いと思います。「スタイル」といっても特別なものではなく、それが一般的かどうか、合理的かどうかとは別に、「私はこうしないと気持ちが悪い」「私のやり方はこう」という、自分なりの基準のことです。

あなたにそんな「自分基準」があって、かつ、目新しいモノを使いこなすのが苦手なタイプだったら、これからは、ホームセンターやテレビショッピングで魅力を振りまく便利グッズには、少し距離を置いた方がいいかもしれません。「モノでヤル気を起こす」のはお金もかかりますし、使わないモノをたくさん抱え込んでしまうリスクを負いますが、「ヤル気がオートマティックに起きる」のであれば、モノもお金も収納空間も要りません。それには、「あまり高度な結果を求めない」「低いレベルで継続する習慣をつける」ことだと思います。

テレビショッピングのデモンストレーションみたいに、「一瞬でピカピカ！」にならなくてもいいじゃありませんか。「今日も雑巾でひと撫《な》で」を習慣づける、「洗濯物そのものを減らすために、ジーンズは二度穿く」など、地味な努力と工夫で、モノと手間の要らない家事を目指してみませんか？

台所用品を減らす

引越しをよくされる方はご存知でしょうが、台所用品（調理器具、雑貨、食器）というのは、引越し荷物の中でも特にたくさんの箱を使います。台所は、面積が狭い割に、家中でいちばん多くのモノを抱え込む場所なのです。そして、食事作りに必要なモノの数というのは、家族の人数にあまり関係がありません。実際、私が今持っている台所用品は、一人暮らしの頃とあまり変わりません。

ですから、結婚している・いない、子供がいる・いないにかかわらず、アイテム数はあまり変わらないし、増えこそすれ減ることは少ない傾向からいって、どの家にも大量の台所用品があることになります。

台所の大物といえば、調理家電です。炊飯器、電子レンジ、オーブントースター、コーヒーメーカーあたりは、ほとんどの家庭にあることでしょう。また、家電売り場には、次々に魅力的な調理家電が登場します。すぐにお湯が沸く電気ケトルや、大きな工事が不要な食器洗浄機、手軽にパンが焼けるホームベーカリー、調理をラクにしてくれるフードプロセッサーやミキサー、ブレンダー。現代の台所には、コンセントがたくさんなくてはならないようです。

料理好きな女性は、鍋類も、次々に新しいモノが欲しくなるジャンルです。圧力鍋、無水鍋、ステンレス三層鋼、土鍋、琺瑯《ほうろう》、ガラス、蒸し器やフライパンと、それぞれに得意な料理が違いますし、「料理がおいしくできる」と聞けば、ついつい増やしてしまいます。

泡だて器やヘラのような調理小物も、便利そうな新製品を見るとつい買ってしまうものですが、だからといって前のモノを捨てたりはしないため、2本も

3本もある家があります。また、ラップやホイルなどの消耗品は、安いときに買いだめする人が多く、過剰なストックを抱えている台所は少なくありません。

そして最も増えてしまいがちなのが、食器。女性はおしなべて食器が好きですし、日本では、プレゼントや粗品として選ばれることが多いものですから、気がつくと、少人数の家族でも、壁一面の食器棚に入りきらないほどの食器を持つことになってしまいます。セットの食器は、1個が欠けたり割れたりしても、残りの無事な方を捨てたりはしないため、往々にして、不ぞろいな食器がどんどん増えていきます。箸や、スプーンのようなカトラリー類にしても同じことです。

このように、増える一方の台所用品は、一度どこかで見直して数を減らし、自分が管理できる程度に縮小しないと、収納や掃除の負担になるばかりでなく、調理スペースを圧迫し、料理そのものがしにくい台所になってしまう危険があります。

傷んでも壊れてもいないモノを処分するのは、なかなか心の痛む行為ではありますが、少なくとも、100円ショップで間に合わせに買ったしゃもじや、パンを買ったらもらったお皿など、自分の好みで選んだのではないモノ、使い勝手が悪いモノに関しては、積極的に減らす方向で行きましょう。

特に食器は、洋服と同じで、いつも使うモノは比較的限られています。ただ場所を占領しているだけの活用度の低い食器は、たとえ無傷でも処分した方がいいのです。また、「もったいないから」といってとっておくだけの高級食器などがあれば、それこそもったいないことですから、どんどん普段使いにおろして、毎日楽しみましょう。自分で作った料理を、自分で盛りつけて食べられる年数を考えれば、決してもったいないことではないと思います。

総じていえるのは、台所用品のように毎日必ず使うモノほど、使いやすくて美しい、心から気に入ったモノを持った方が、毎日を豊かに暮らせる、ということです。洋服やジュエリーのように、人に見せるものではありませんが、こういう所にこそ心を注ぐことで、毎日の暮らしの質が上がり、心の満足度が高くなるため、逆説的ですが、ムダな買い物をしなくなるという効果もあります。

趣味の道具をどうするか？

同世代の人と話していると、皆、この年になるまでには、何かしら複数の趣味や習い事を経験してきていることがわかります。趣味や習い事には、必ずといっていいほど、道具や材料が必要となります。たとえ何も要らないかに見える「ランニング」でさえ、靴やウエアーなどは専用のモノを揃えることが多いものです。

球技であればラケットやボール、音楽であれば楽器や楽譜、手芸であれば用具だけでなく、布や糸、ボタンなどのこまごました材料も必要です。こういった「道具を揃える」こともまた、趣味の楽しみの一つですから、買い物が好きな人であれば、使わない道具が増えてしまうのも無理はありません。

ずっと継続して楽しんでいるなら問題はないのですが、特に女性の場合、結婚や出産、引越しなどを境に、その世界から遠ざかってしまうことがよくあります。また、こういったモノには流行もありますから、ノリのいい人だと、押入れの中には「スキーセット」→「ウエットスーツ」→「ビーズ手芸の材料」→「登山用品」といったように、過去の趣味の遍歴を物語るようなツールが収蔵されていたりします。中には、「ダイエット遍歴」を反映して、「ビリーズブートキャンプのDVD」「ジョーバ」「バランスボール（畳んである）」が、わかりやすい順序でしまわれていることも……。

ひと頃は熱中したそれらの用具や道具ですが、今はまったく使っていません。しかし、だからといってなかなか処分することはできない。だって、いつかまたやろうと思っている、あるいはまたやりたくなるかもしれないし、そのときまた一から揃えるのはお金も手間もかかるし、何より「もったいない」ですから。

もし、あなたがとても広い家に住んでいて、それらを収納する手間や、時々チェックして品質が変わっていないか等を管理する手間を厭《いと》わないのであれば、そのまま置いておくのが賢明でしょう。

しかし、これらがもし、現在のあなたの生活空間や時間を圧迫しているとしたら、それはやっぱり、少し考え直さなければならないでしょう。だって、今現在、及び未来のあなたの空間と時間が「もったいない」ですから。

趣味の道具に限りませんが、それを十分楽しんで使い込まないうちにお蔵入りになってしまったモノというのは、なかなか潔く処分できないものです。私たちの意識に「モトをとった」という満足感がない限り、まだ使えるモノを捨てるのは困難なのです。

モトをとるのは、何も自分である必要はありません。リサイクルショップやバザー、周囲に尋ねて、欲しいという人を探して譲るか、ネットオークションで売ることでもいいのです。自分が使い切る満足感を、たとえタダであれ、格安であれ、他の誰かに達成してもらえることで、気持ちよく手放すことができます。ある程度揃った状態で譲り受けることができるのは、受け取る側にとってもメリットとなり、譲渡や売買が成立しやすいでしょう。

趣味や習い事を始めるのはとてもいいことですが、今後は、最初からあれもこれも全部揃えようとせず、最初は人に借りたり、レンタルで済ませたりすることで、早々に飽きてしまってモノだけをためないように心がけるとさらにいいでしょう。

お気に入りだったコレクション

男性のコレクションは、鉄道模型や切手、アニメのフィギュアなどを、系統立てて緻密《ちみつ》に蒐集《しゅうしゅう》し、あわよくばコンプリートしていく、いわば「集めるために集める」ことが多いのに比べ、女性のコレクションは、そこまでガチガチではありません。女性のコレクションとは、

「可愛い文房具」

「キャラクターグッズ」

といったお気に入りの小物を、折にふれて買ったり、プレゼントされることによって何となく集める、というソフトなものでしょう。

コレクションも、趣味の道具と同じ。集める対象に関心や愛着があって、今も集めていたり、大切にしている限り、家がどんなに狭くても、管理が大変でも、持ち続ければいいのだと思います。

しかし40代にもなると、若い頃は熱中していたコレクションも、仕事や家族のことにかまけているうちに、すっかりさめてしまうという人も少なくありません。そうなると、

「何でこんなモノ集めてたんだっけ?」

と我に返るのも、女性の特徴です。

このとき困るのが、長年かけて集めたコレクションの処遇。

コレクションがかさばるモノだったり、専用のショーケースに陳列されていたりすると、かなりの場所をとるでしょう。しまいこむにしても、それなりに空間を必要とするはずです。広大なお屋敷に住んでいるのでもない限り、もは

や興味を失ったコレクションにそれだけの場所を与えるのは、合理的ではありません。

かといって、

「もう集めないし、興味もなくなってしまったけど、今さら処分するのも寂しいし……」

と、捨てることもできず、ついつい手元に置きっぱなしにしてしまうのではないでしょうか。これも、空間がもったいないことですね。

高級陶磁器やある種のキャラクターグッズのように、明確な市場が成立していない限り、この場合も、リサイクルショップなどに持ち込む→フリーマーケットなどに出品する→ネットオークションに出品する、といった順序で、随時処分していくのが現実的でしょう。

女性のコレクションの特徴として、「実際に使えるモノ」を集める方が多いようですので、ハンカチや文房具のような実用性のあるモノであれば、ご近所の方や遊びに来た友達に、1個、2個と地味にプレゼントし続けていれば、数を減らしていけるかもしれません。

そして、今後コレクションするのであれば、なるべくかさばらないモノ、平面のモノを選び、一品一品の詳細なデータや、コレクションの全貌が見渡せる目録も並行して作成し、始末に困らないコレクションを目指しましょう。

難易度が高い、思い出のモノ

「思い出のモノ」というと、学生時代のノートやアルバムのようなものを思い浮かべますが、実際は「思い出の品」は、生きた年数分だけ、後から後から生産されます。写真、手紙、旅行の記念品、賞状やトロフィー……。これらは、整理しにくく、処分しにくく、ついついたまる一方です。

しかし、整理しにくく処分しにくいのは、当人ばかりではありません。祖父母や親の遺品を整理した人は口々に、そのタイヘンさを語りますが、何十年分もの、まったく整理されていない「思い出」というのも、実に迷惑なもののようです。40年分の「思い出」も、そろそろ整理しておいた方がいい時期にさしかかってきました。

思い出のモノの整理については、3章「子供のモノは『編集』する」（68ページ）の項で触れたのと同様でいいのではないかと思います。つまり、「映画やCMのフィルムのように、40年分の思い出を、たった数点に〝編集する〟」のです。といっても、一部を除いてあとは捨てよう、というのではありません。

「私の人生を最もよく表わす、ただ1冊のアルバム」
「私の交友関係を簡潔に示す、ただ1通ずつの書簡」
「私が最も栄誉に思った、ただ一つの賞に関する賞状やトロフィー」
「私の楽しんだ最高の旅の、ただ一つの記念品」

といった具合に、「自分ベスト」を選んで、それだけを取り出して分けておくのです。「ただ一つ」に限定する必要はなく、「三つ」でも「七つ」でもいいのですが、あまり数を増やすと、結局「ベスト」がわからなくなってしまうので、多くても10個程度にとどめた方がいいのではないかと思います。

そうして「自分ベスト」を選んだら、後はなるべく生活空間の外に収納して、現在の居住空間を圧迫しないようにすればいいと思います。屋根裏や床下、レンタル倉庫など、手の届きにくいところでいいでしょう。

「自分ベスト」を編集したら、それは、今度は普段目にふれるところに置きます。数を制限して見やすくなった「思い出」が、過ぎ去った喜びや栄光をよみがえらせてくれるでしょう。

6章

人間関係を整理してラクになる

井戸端会議の賢い参加方法

40歳前後を節目に、スッキリ整理させておくといいのは、モノばかりではありません。長年積み重ねてきた「人間関係」にもまた、そろそろ賞味期限を迎えたものがありませんか？

「人間は、モノじゃない！」

と、一度結んだ関係は絶対に捨てない覚悟のある方には無用の項目かもしれませんが、

「この人と私、何で付き合ってなきゃならないんだろう？」

「もしかしたらあちらも、形だけの付き合いを負担に思ってるのでは……？」

といった疑問をお持ちなら、そろそろ考え始めてもいいんじゃないでしょうか。――この年になれば、そういう関係の一つや二つ、あると思うんですけど

……。

まずはこんな「よくある人間関係」から見ていきましょう。

女性が二人以上集まれば始まるのが「ご近所井戸端会議」。これは実に楽しいもので、盛り上がってくると、子供が泣こうが、夕食の支度をしていなかろうが、なかなか終わらないのが、この会議の最大の特徴です。何しろ、「今晩のおかずのレシピ」から「人気芸能人の離婚のゆくえ」まで、議題は幅広く、時々刻々と変わるのですから。

井戸端会議のいいところは、半径1キロメートル内の役立つ生の情報が手に入るところにあります。その意味ではたいへん有用なのですが、この手の会議の困ったところは、時として、楽しさのレベルを超えて暴走を始めることがあるところ。

その多くは、「その場にいない人の噂話」に始まります。次第にエスカレートすると、不確かな情報や陰口に変わっていきますが、この過程で、話している人たちの人相も凄みを帯びて変わっていきます。目は異様に輝いているのですが、眉間《みけん》には深いシワが寄り、口元はゆがみ、背筋は曲がって首を前に突き出しています。「その場にいない人の話」なのに、なぜか声はヒソヒソ……。一緒になって盛り上がってしまえば気づきませんが、離れて見るとたいへん恐ろしい光景です。

こういう会議は、10代から80代まで、女性のあらゆる年代に存在します。どういうわけか、こういう話が大好きな女性というのが、どんな年代にも必ずいるものです。しかし、すべての年代の中でも最も会議の組織率が高いのは、やはり、社会の中堅となってきた40代。40代の井戸端会議は、ファミレスで、誰かの家のリビングで、バスや電車の中で今日も華やかに開催中のはず。

あなたは、この手の会議がキライではないものの、人の生々しい噂話はちょっと……という、ごく普通の価値観の持ち主ではないでしょうか。

そういう人が、井戸端会議に一切参加しないことにはムリがあります。また、昨日まで主要メンバーだった人が、「あの人、誘っても来なくなった」などと言われるようでも、諸々弊害がありそうです。

ここは40代の大人の女性らしく、「うまく切り抜ける」「上手にやり過ごす」知恵とテクニックを身につけましょう。

話題が、次第に下世話になっていき、陰惨な陰口に展開することが読める時点で、

「ごめん！　洗濯物取り込んでなかったんだわ。お先にねぇ〜」

「あら？　子供からメール来てる。ちょっと帰るわ」

などと、場を盛り下げない程度に軽〜く抜け出すとか。

抜けられない雰囲気であれば、ふんふんと聞き役に徹し、悪口の肯定も、尻馬に乗ったさらなる悪口も言わない決意をするとか。

なるべくなら、皆の口さがない陰口を、お笑いの方向に向けさせて、場をそれ以上陰気なものにしない流れを作るとか。

とにかく、ストレス発散が目的の陰口、悪口には与《くみ》しないことで、自分の品性を汚さないように努めましょう。それすらもできない荒れた「会議」であれば、それはもう参加のメリットはありません。

井戸端会議は楽しいものですが、惰性で参加していると、10年後、20年後、成長しているのは、愚痴と悪口のバリエーションだけになってしまう危険性があります。自分にとって役立つ「会議」でないなら、少しずつ「整理」していくことが必要です。

煮詰まったサークルの付き合い、見栄の張り合い同窓会

若い頃から、あるいは30代以降の趣味や、育児がきっかけで参加するようになったサークル活動はありますか？

手芸や料理、スポーツ、音楽に育児、ボランティア……。同好の人たちの集

まりであるサークルは、単なるご近所付き合いとも違い、純粋に趣味を追求する仲間として、しがらみのない会話ができるところが魅力です。

とはいえ、5年、10年と長く活動しているうちに、メンバーの変遷もあり、当初とは変質してきているサークルも多いのではないでしょうか。

友人が参加している音楽サークルは、最初は独身の男女ばかり、人数も多かったので、さまざまな企画を立てては実行し、アフターイベントで盛り上がるという、たいへん活力のある楽しい集まりでした。

しかし、その中から結婚する人たちが生まれ、出産・育児で休会する人が現われ、そうこうするうちに皆仕事や育児に忙しくなり、集まれる日はめっきり減って、近頃は演奏の質も、往時からは見る影もないものになってしまいました。現在の運営メンバーにもあまり意欲はありません。長く一緒に活動してきたので、サークルに対する愛着はひとしおなのですが、子供が大きくなってきた今、もう少しレベルの高い活動がまたしてみたい――。

というところで、友人は今、悩んでいるのだそうです。

またこれは別の友人から聞いたのですが、久しぶりに開かれた同窓会に参加してみたら、そのつまらなかったことにビックリしたという話。

その前回、30代の回ではそんなこともなかったそうなのですが、今回の集まりでは、男子は外見が、女子は会話の内容が、まるで人が変わったようになっていたというのです。

結婚している人は夫の話ばかり、子供のいる人は子供の話ばかりで、自分の話はほとんどなし。夫が昇進した、条件のいい企業に転職した、起業した……。子供が受験に合格した、子供が通っている学校がいかにレベルが高いか、子供が何かの大会に出場して受賞した……。

その友人は、結婚はしているものの子供はなく、夫婦ともにフリーランスなので、友人のご主人がどんな企業でどんなに偉くなっていようが、子供がどんなに出来がよかろうがまったく関心が持てず困ったそうです。結局、仕事を続けている女子は、男子と一緒に飲み続けていましたが、女子のコーナーでは、今度はお互いの夫や子供を躍起になってほめながら、さりげなく自分の夫や子供の自慢が果てしなく続いていたそうです。中には、そんな不毛な会話にしびれを切らして、早めに切り上げてしまった女子もいたようでした。

サークルと同窓会、一見あまり関係がないように見えますが、ここで見えてくるのは、

「その関係は、自分の中では〝終わった〟ものではないだろうか？」

ということです。

10年前、20年前、そのサークルがどんなに楽しく充実して、当時のあなたがどんなにその場を愛していたかということと、現在のサークルが、継続する価値があるかどうかということとは、関係がありません。

仮にあなたが、サークルの運営を引き継いで、昔のような場に戻すことができるのであれば、その努力を惜しむべきではないでしょうが、その可能性が低く、あなた自身にもそこまでの熱意がないのであれば、そのサークルはあなたにとって「終わった場所、思い出の場所」であり、それでいいのです。

あなたの人生は、思い出のためのものではなく、今を生きるためにあるので

すから、今のあなたに必要な場を、新たに見つければいいのではありませんか。

同窓会も同じです。かつては同じクラスで経験を分かち合った友達も、年月が経てば変わります。合唱コンクールや球技大会で汗や涙を流した若き友も、コチコチの保守オバサンになってしまったのなら、それは仕方のないことです。思い出は思い出として大切に持ち続ければいい。目の前にいるオバサンに、かつての若々しい友の面影を押し付けるのは迷惑というものです。

会話がつまらない、不愉快であるとわかっているのであれば、祝福だけを贈り、出席しなければいいのですし、数人の話の合う仲間がいるなら、彼らとだけのんびり語り合えばいいじゃありませんか。サッと切り上げて、場所を変えてしまったっていいのです。

サークルに参加するのも、同窓会に出席するのも、自分の人生の大切な時間。自分にとって価値ある時間にできないのであれば、これらも「整理」していってもいいと思います。

年賀状だけのお付き合い

年末年始の恒例行事といえば、年賀状の作成と投函、受け取った年賀状の整理。面倒なあまり、全廃してしまう人、デジタル化してしまう人も少なくありませんが、やっぱり、元旦に「ゴトリ」とポストに届く分厚い年賀状の束には、今まで積み重ねてきた人間関係が集約されているようで、無関心にはなれないものです。

ただこれも、40代を目の前にすると、

「う〜ん、どうしよう……」

と迷うような情況が増えてきますね。

受け取った年賀状の中に、こんなハガキが増えてくるのです。

・もう10年以上会っていない、声も聞いていない人からの年賀状。
・学校や仕事で接点があったことはあったが、正直どんな人だったか、印象が薄れてきている人からの年賀状。
・3日以降に受け取っているもの。

年賀状を交わすようになった時点では、差出人とは近況を伝え合いたいような仲だったのでしょう。末永く付き合い、機会があればまた会って話したい、と思うような間柄だったに違いありません。

しかし、残念ながらそれ以来会うことも話すこともなく、次第にお互いの記憶もまばらになり、最近では、

「どうしてこの人、年賀状くれるんだっけ?」

などと考えないと思い出せないようになり、ともすれば年賀状を書く時点で躊躇《ちゅうちょ》するようになってきたとしたら、もしかしたら、あちらも同じことを感じている頃かも……。

日本における年賀状の意味は、

「本来ならお年始の挨拶に直接伺《うかが》いたいところなのだが、それがかなわないので、略式ながら書中にて」

年賀の挨拶を差し上げる、というもの。

だとすれば、こんな風に考えてはどうでしょうか。

「この人、近所に住んでいたら、今、挨拶に行くだろうか？」

答えがＹＥＳだったら、付き合いが少々風化していても、年賀状を出し続ければいいし、「？　どうだろう？」だったら、いったんやめてみてもいいかもしれません。

あるいは、あちらもホッとしてくれるのでは？

ただこういうとき、付き合いは薄まっても、なるべく出し続けたい人というのもいて、たとえば、人づてにこんな近況を聞いたら、来年も送った方が良いと思います。

・家族を亡くしたり、離婚などを経て一人で暮らしている人。
・本人や家族が闘病中の人。
・何らかの大きな問題を抱えて頑張っている人。

こういう人には、年賀状一枚といえど、小さな力になってくれるかもしれないので、滅多なことで止めない方がいいような気がします。

家族や仕事にも恵まれ、ほかのお友達も多い、忙しく過ごしているような人であれば、疎遠になるにしたがって、自然な形でフェイドアウトしても、それほど不都合はないと思います。

7章

40歳からは「時間」が何よりも大切に

自分の「耐用年数」を考える

若い頃は、何か新しいことに取り組むときや、将来について考えるとき、「これは、10年後はどうなっているだろう」「向こう10年でどれくらい上達できるだろう」などと考えたものです。10年もあれば、何かしら形にはなるはず、そういう考え方でよかったんですね。

でも、40代になると、「10年」が、20代、30代と同じ10年ではなくなってきたことにうすうす気づきます。10年が1年でも同じ。20代、30代と同じように頑張っても、もはや同じ結果は出なくなってきているのです。

以前はしばしばこなしていた徹夜仕事や、深夜の作業も、40代の今では、やれと言われてもなかなかできません。集中力も続かず、うつらうつらとした挙句失敗して、結局二度手間になってしまったりします。

会計用語で、「耐用年数」というものがあります。資産が繰り返し使える年数を割り出したもので、これは実際に使える年数とは別の、税務上の数字です。たとえば、コンクリート構造の建物は、実際には半世紀以上使用できますが、耐用年数表によれば、「鉄骨鉄筋コンクリート造の構築物」の耐用年数は30年だそうです。

これを自分の人生に当てはめると、次第に減価償却が進み、耐用年数に近づいた状態なのかなぁ、という気がしてきます。まだすぐには人生終わらないとは思うけど、だからといって、寿命が尽きるそのときまで、十分に機能し働けるとも思えない。私は、そろそろ人生のモトをとりつつあるんでしょうか。人間にも、きっと耐用年数ってあるんでしょうね。そんなこれからは、若い頃とは時間の持つ意味、重みが違ってきます。

女優・エッセイストの故・沢村貞子《さわむらさだこ》さんが、多数お書きになった「毎日の食事」についての文章の中で、

「若い人と違って、我々は1回の食事が大事。残された貴重な食事の機会を、大切にして楽しもう」

という主旨のことを書いていらっしゃいます。

私がこれを読んだのは20代のときで、当時は、

「年をとると、ゴハン食べるのもいろいろ考えなくちゃならないんだなぁ、大変そ」

などと思ったものですが、今や自分自身が身を以《もっ》て実感する年となりました。食事ももちろんそうですが、40代は毎日がリハーサルなしの本番。やり直しはきかないし、やり直していたらもったいない。――時間が。

この場合の「時間を無駄にしない」というのは、ビジネス書に書いてあるみたいに、「1分1秒を無駄にせず有効活用する」ということとはちょっと違って、「有効に使える残りの時間を、いかに楽しむか」ということに尽きます。

準備不足も失敗も、40代だからってなくなりはしない。たぶん一生なくならないかもしれない。でも、それはそれでいいじゃないですか。若い頃と違って、

いつまでも失敗にくよくよしないで、すばやく切り替える。失敗してしまった自分を客観的に見つめる。そして楽しむ。

そう、何よりも時間が大切なものだと知った40代からは、日々の些細なことも、みんな楽しみの種となりうるんです。

モノより、思い出

今までよりもさらに一層、時間を大切にしたいと考えるようになった40代。

でも、「時間を大切にする」って、具体的にはどういうこと？

私たちはしばしば、「自分にごほうび」という表現を使います。いつも頑張っている自分、誰もほめてくれない自分を自分で励ますための決まり文句であり、ちょっとした「言い訳」にもなっています。

この、「自分にあげるごほうび」って、どんなモノが多いでしょうか。

・デザートに食べちゃう、コンビニの新作スイーツ。
・通勤のエキナカで買う、可愛いアロマ雑貨。
・ネット通販で半額になっていたスカートを、ついポチリ。
・大好きなキャラクターの、期間限定マグカップ。
・中古ショップで、韓流ＤＶＤを大人買い。

そんなに大それたモノを買ってるわけじゃない。女性のお買い物なんて、可愛いものですよね！

でも、この「ごほうび」、積み重なると、あんまり効き目が出なくなるもの。仕事や人間関係のストレスって毎日のことだし、なくなることはないから、そのうち「ごほうび」の間隔が短くなって、「ごほうび」を乱発するようになる。なまじ1個1個が小さくて、ちょこちょこ買えちゃうモノだから、気がつけば家の中には、心を安定させるために自分に与えた「ごほうび」がいっぱい！

それが片づかなくって、またイライラする――。

こんな循環がわかってきたら、そろそろ「ごほうび」を変えてみませんか？

そう、40代になったら、モノではなく「時間」をごほうびにするんです。

時間なら、モノと違って残りませんから、収納したり片づけたりホコリをとらなくても済みます。

流行や好みや服のサイズが変わったときも、「無駄なお金を使ってしまった……」なんて自己嫌悪に陥ったりしません。

スイーツみたいにカロリーがないから、太りません。

「残らないなんてイヤ」？　いいえ、残ります。あなたの心の中に、永遠に。

ごほうびになる時間って、どんなモノでしょう？

たとえば、演劇やミュージカルといった舞台芸術。生の人間たちが目の前で笑い、泣き、歌い踊る芝居は、娯楽の中でも最も贅沢《ぜいたく》なものの一つです。40代になったら、映画やＤＶＤだけでなく、ぜひ生の舞台を見る時間を大切にしましょう。

もちろん、ライブやコンサートといった音楽空間も！　若い頃足しげく通ったライブハウスに、もう一度行ってみてはどうですか？　若い頃は気後れしたクラシックのコンサートホールも、オペラも、今ならしっくり馴染《なじ》むはず。

歌舞伎や文楽、能など伝統芸能の舞台も、40代だからこそ見ておきたいものですね。外国の文化ばかりに目を奪われていた若い頃にはわからなかった面白さを、再発見できるかもしれません。40代なら、まだまだ十分間に合います。

昔は駆け足で見て回るだけだった美術館や博物館も、もう一度じっくり訪れてはどうでしょう。「現代美術」「仏像」「漆《うるし》工芸」など、自分なりのテーマを決めて見て歩くうちに、講演や研究会などで、新たな知識が吸収できることも。

もちろん旅も！　交通網の整った日本、国内であれば、気軽に旅はできます。都合のつく同行者がいなくても、昔と違い、おひとりさまの宿泊に対応する宿泊施設も増えました。「時間ができたら」などと先延ばしにせず、2日でも3日でも時間ができたら、一人でも行ってしまいましょう。

体育会系なら、今までお休みしていた、あるいは憧れていたスポーツやアウトドアの時間が、自分への最高のごほうびです。登山やスキー、サーフィン、ヨット、ダイビングなど、スクールに行ってもいいですし、同好会を探して先輩の教えを乞《こ》う手もあります。40代なら、まだまだ十分間に合います。

優雅な時間、夢をみる時間、エキサイトする時間、思索する時間。今まで味わったことのない時間を、たくさん自分に経験させてあげることこそ、最高のごほうびになるはずです。もう、モノはいいんじゃないでしょうか？　決して長時間でなくていいんです。これからは、素敵な時間を過ごすことに、お金や意識を向けてみませんか。

未知の世界にあえて踏み出す

近所の友人のNさんは、私と同い年。子供の一人も同い年であることから、子供の習い事などでご一緒する機会がよくあります。物静かでやさしいママであるNさんですが、このところ突然「走ること」にハマっていると聞き、驚きました。

朝は家事を済ますとジムに直行し、インストラクターについてストレッチやヨガで体を柔らかくした後は、ランニングマシーンでひたすら走りこみます。1度に5～10キロ程度は軽く走るそうです。時には、その後さらに近所のランニングコースを走ることもあるそう。スリムな体型は、後姿が20代！

「Nさん、学生時代陸上とかやってた？」

と聞きますと、首をブンブン振って、

「とーんでもない！　完全に文化系で、〝走る〟なんてまっぴらゴメンだったわ。それなのに、ある日ふと思いついて走り始めたら、これが楽しくて楽しくて……」

「それ、いつから？」

「よ、40になってから……」

Nさん、今では10キロマラソンやハーフマラソンにしばしばエントリーしては完走していますΟ夢はフルマラソンで、ホノルルを走ることだそうです。

若い頃の私は、「40代のオバサン」なんて、家事と子育てとテレビのワイドショーにしか関心がない、つまらない人たちだと思い込んでいました。それって間違っていましたね。

そもそも、40だろうが50になろうが、楽しいことは楽しいし、美しいモノはちゃんと美しく見えるんです。年をとって、本人が色あせたかに見えても、本人から見る世界は、ちっとも色あせないものなんです。

むしろ、子育てが一段落して、家事にも仕事にも余裕が出たこの時代に、今まであきらめていたことや、それまで関心を持たなかったことに、突然開眼するのは、別段珍しいことではないみたい。

Nさんほどではありませんが、この私自身、子供たちがそこそこ育ったこの頃になって、突然、自分がアウトドア派だったことに気がついたんです。

今まで「何が楽しいの?」と思っていた登山が、こんなにも楽しいものだったのに気づいたのは40代になってからですし、ろくに泳げないのに、シュノーケリングの楽しさに目覚めたのもつい最近です。走る楽しさも、40代になってから知りました。ずっとスポーツが苦手で、だから自分はインドア派なんだと思い込んでいたせいで気づかなかったのです。私は、運動オンチではあるけれど、野外で過ごすことは好きだったんです。

そんな、自分でも知らなかった自分に気づき、未知のジャンルに一歩を踏み出すことは、とてもワクワクしますし、最高に楽しい体験です。

「どうして今まで、この世界を見ていなかったんだろう……」

という残念な気持ちと同時に、

「今、気づけてよかった！　今なら十分楽しめる！」

という感謝の気持ちを抱くのです。

これから40代を迎える方も、もうすでに迎えた方も、

「この先の人生、これまでの繰り返し？　な〜んにも面白いことなんてないわ……」

なんてガックリするのは早い、早い。ここから先に、宝の山が埋もれている

かもしれませんよ！

だから、何となく冴《さ》えない気持ちに落ち込みそうになったら、とりあえず、何でもいいから、新しいことにチャレンジしてみましょう。特に、今まで敬遠してきたこととか、まったく接点のなかったことこそ、やってみるといいですよ。まず最初は、

「お誘いは、断らない」

ことから始めてはいかが？

――いくつになっても友達は作れる――

これから何か新しいことにチャレンジしようとしても、

「40代になると、今さら、新しい友達なんてできないのでは……」

というのが新たな心配事としてクローズアップしてきます。

確かに、子供の友達のママたちはあくまで「ママ友」であって、話題はいつも子供や夫のことばかり。自分自身の「友達」にはなかなかなれない。

仕事上のお付き合いは広がってきたし、食事やイベントに誘い合う人はいるけれど、それはやっぱりウィークデーまで。仕事仲間のプライベートにまで立ち入るのは、ちょっと憚られる——。

実際、学生時代の友人となら、10年ぶりに再会しても、ものの5分で昔通りにおしゃべりに花が咲くのに、大人になってからは「友達」と呼べる人がなかなかできない、という人は多いようです。

でも、心配することはありません。いくつになったって、友達はできます。

ただ、その「関係」が、若い時とはちょっと違ってくるのかもしれない。

若い頃は、とにかく「一緒にいる」人が友達だと思いこみがちです。

いつも一緒に帰る、いつも一緒に遊ぶ、いつも一緒にお茶する。過ごす時間の長さこそが、友情のように感じているかもしれません。

でも、40代は大人です。仕事もあるし、家庭もある。自分の背負う責任があるのです。女子高生みたいに、いつもベッタリ過ごすわけにはいきません。

だから、40代の友情は、水のようにサラリとしたものになるでしょう。

四六時中、電話やメールで拘束するようなお友達はもうできないかもしれませんが、年に数回であっても、会うたびにホッとできるような、節度を持って、言いたいことが言い合える、そんな大人な友情が、40代の証《あかし》です。

私自身、決して友達は多くはないし、ましてやしょっちゅうお茶を飲んで一緒に時間を過ごすような友達はいません。でも、その数少ない友達の中には、40代になってからできた友達もいて、子供を通じて知り合った人もいれば、仕事を通じて知り合った人も、趣味を通じて知り合った人もいますが、学生時代からの友達と変わらない、楽しくて気のおけない付き合いをしてくれます。皆、心から尊敬できる、素敵な友達です。

40代の友情のキーワードは「共感」「尊敬」ではないでしょうか。女子高生ではないので、「家が近所」「(子供の)学校が一緒」という理由だけでは仲良くはなれないものです。その代わり、「素敵だな」と思う人を見つけたら、とにかく少しでも言葉を交わすこと。おしゃべりがはずむ人なら、きっと、友達になれるはずです。

――健康をキープするために――

時間もないし、自分の人生をどういう方向に持っていくべきか、まだまだわかっていなかった30代までと違い、40代以降は少しずつ余裕ができてきます。自分のできることとできないこともわかってくるし、そうなると、何を捨て何に集中すればいいかも決められるので、ラクになる。

若い頃は、若い今こそ何でもできて、年をとるとできることが減ってくるんだと思い込んでいました。でも、そんなことないんですね。40代になったって、というか、40代になると、それまでより具体的な「やりたいこと」がいっぱいできてきます。だから、これからの人生、それをどれだけ実現できるかにエネルギーを注ぎたい。

でも、どんなに楽しい計画を描き、そのための時間や資金を確保しようと、体がついていかなくては何にもなりません。周囲にボチボチ健康の悩みを聞くようになるこの年代になって改めて、「健康」の大切さを思い知ります。

・「事前に」医療機関と仲良くする

女性はおおむね、健康に関心が高いので、食生活をおろそかにする人は年とともに減っていきますが、男性に伍《ご》して働いている人の中には、わかっていてもなかなか思うにまかせないという人もいるでしょう。今のように、以前よりも少ない人員で多くの仕事を回し、一人当たりの負担の大きい職場で働いていれば、受診や検診も後回しになりがちです。でも、医療機関には、病気になってからではなく、「なる前に」「見つけるために」かかっておきたいものですね。

若い頃、人一倍健康だった友人は、バブル崩壊後、どんどん厳しくなる職場環境にも耐え、管理職になりましたが、男性の部下を複数持つ身で、率先して残業・早出出勤を自らに課していました。職業人としては本当に立派だと思うのですが、いつしか健康を害し、入院する羽目に。

入院は長期ではなくて済んだのですが、そのとき彼女は、

「仕事は好きだけど、会社が自分を助けてくれるわけじゃない」

ということを改めて認識し、それからの人生を、なるべく「自分」を軸に考え直すようになったそうです。

・出産しない人は念入りに

女性の場合、妊娠（出産）を経験したかしなかったかもまた、健康維持の大きな目安となります。

出産は、女性の体に大きな負担を強《し》いますが、一方で、一定期間医療機関を受診し続けることで、特に婦人科系の大きな問題を見つけやすいというメリットがあります。妊娠が複数回であれば、それだけリスクを回避するチャンスが増えるということにもなります。

これに対し、妊娠（出産）を経験しなかった人、特に元々健康に自信のある人は、明らかな症状が現われるまで気がつかない場合も少なくなく、ましてや企業の健康診断などから漏れるフリーランスや主婦の場合はリスクも増します。さきの彼女は会社員でしたが、妊娠等のために婦人科を受診する機会がなかったことから、病気を見落としていたとのことでした。

・病院以前のメンテナンスも

また、医療機関の受診以前にも、40代になったら、そろそろ「体のメンテナンス」に関心を持ちたいものです。整体やマッサージ、鍼灸《しんきゅう》、漢方医、スポーツトレーナーといった「病気以前の体の不調」の相談に乗ってくれる場所や人を見つけて、定期的にチェックしてもらうことで、精神的にもゆとりを持つことができます。

私の仕事は、忙しければ忙しいほど座りっぱなしで微動だにしないのが特徴。運動不足とパソコンのモニターの見すぎのため、目・肩・腰に過重な負担をかけるのが特徴です。デスクワーク中心の人と共通していますね。

そのため最近は、忙しい時期が明けたら、つとめてハリや整体に行くようにしています。美容院のように、技術者との相性もありますから、なかなかココという治療院が定まらない悩みはあるのですが、周囲の人に評判を聞きながら、よりよい場所を探しています。これは、自分の体力と回復力を当てにできていた30代にはなかったことです。

・健康は自分で作る心意気

149~151ページで登場していただいたNさんは、40歳過ぎてスポーツに関心を持つと同時に、それまで考えたこともなかった自分の体について、ボディワークを通じて深く興味を持つようになったそうです。

「ランニングだけじゃなく、ヨガやストレッチなど、いろいろな運動を学ぶと、それぞれに理由があって、どれも皆つながっているんだ……ということがわかって、とても面白いの！」

若い頃とは違い、無防備に体を酷使するような運動のやり方ではなく、トレーナーのアドバイスを受けながら、筋肉や関節を痛めないやり方でなら、40歳を過ぎても確実に体は変わるし、体力もついていくそうです。それを聞いて私は、それまで時折思いつきで走ったりしていたところを、安全で地道な「踏み台昇降」に変え、股関節や膝の関節を保護するためのストレッチを始めました。踏み台昇降に1日20分、ストレッチに10分。少ないようですが、毎日積み重ねることで、10年後も登山やウォーキングを楽しめるよう、今から貯金しているつもりです。

年上の友人に学ぼう

女性は、どうかすると、年齢も性向も自分と同じような人としか付き合いたがらないことがありますが、自分より年上の女性からは、同年代からは得られないものが学べます。年上の女性と知り合う機会があったら、ぜひ交流を深めておくといいでしょう。

私には、15歳上の友人がいますが、その人に学んだことはとても多いです。映画や演劇、文学といった趣味の世界から、お料理やファッション、インテリアなど、一回り上の年代ならではの蓄積と、少し前の世代のやや重厚なセンス。自分では行ったことのない、今では珍しくなってしまった場所やお店も、彼女に教えてもらいました。

それだけではなく、人生の選択に迷ったとき、

「(私の年齢の頃) 彼女はどう過ごしていたか」

「(私の年齢の頃) 彼女は何を選んだか」

といったことを、間接的にではあれ知ることで、その都度、自分の選択の一助にしてきたように思います。つまり、私は友人に、自分の人生のロールモデルになってもらっていたのです。

彼女は私に教えてくれました。

「私とあなたが、いい友達でいられるのは、年が離れているからよ。同年代だと、どうしても、張り合ったり、うらやんだりしがちじゃない、女って。年が離れていれば、それは起きないからね」

なるほど、その通り。彼女に対しては、他の友人に言えないようなことも率直に相談できましたし、そのアドバイスを素直に受け入れることができました。それは彼女の言うように、年が離れているからこそだったかもしれません。

そして、彼女を通じて、彼女のさらに年上の友達と知り合う機会を得ることもできました。私よりも20〜30歳、あるいはそれ以上年上の女性というと、もうそれは私の母の世代です。そういう人たちからも、いろいろなことを学ぶことができました。

中でも私の記憶に残っているのは、私が30歳の頃によくお話しした、当時すでに高齢だったある女性との会話です。

Tさんというその女性は大正生まれ。横浜《よこはま》の貿易商の家に生まれ、フェリス

女学院を出て丸《まる》の内《うち》でＯＬ経験もある、その年代としては最先端のハイカラ女性でした。私は彼女が、

「おつとめしている頃（戦前）、日曜日に横浜からタクシーで銀座《ぎんざ》にお出かけして、資生堂《しせいどう》で食事して伊東屋《いとうや》でお買い物して、５円あれば十分だったわ」

と言うのを聞いたことがあります。

彼女が80代の90年代当時、映画『失楽園』（監督・森田芳光《もりたよしみつ》、原作・渡辺淳一《わたなべじゅんいち》）がヒットしていました。ちょっとアダルトな描写が話題の、大人の恋愛映画です。それを、そのＴさん、若いお友達に連れられて見に行ったのですって。

「えーっ、Ｔさん、あの映画見たんですか！」

「そうよー、皆見てるじゃない？　話の種にと思って」

「……で、ど、どうでした？」

するとＴさん、ポッと顔を赤らめて、

「もー、ドキドキしちゃったわ！」

聞いていた皆は大爆笑！

でも、それを聞いて、私だけでなく、その場にいた年代の違う女性は全員、とても嬉しい気持ちになりました。

――80歳になっても、女性は恋愛にドキドキするんだ――。

元ハイカラお嬢さんらしく、Tさんはいつも身じまいよくおしゃれで、きれいな白髪をセンスのいい美容院に任せていました。そんな人生の「大先輩」を見ていると、年をとることはちっとも恐くないし、どんな風に年をとりたいかというイメージもつかみやすいし、むしろ楽しくて豊かなことだな、と思うことができました。

自分の身近にいる、年上の女性をもっと観察することで、自分のモデルとしたり、逆に反面教師としていくことは、そんなにむずかしいことじゃありません。もちろん、女優や作家、文化人、故人であっても、自分とはまったく違ったタイプの人であってもかまいません。

私の憧れの50代以上の女性は女優の夏木《なつき》マリさんや石田《いしだ》えりさん。あんな気風《きっぷ》のいい女性が好きです。似てないけど。

「こんな風に生きたい」年上の女性をイメージすることは、40代をより充実した年代にするために、大切なことなんだと思います。

おわりに

本書の執筆が終わり、校正刷りのやりとりをしていた2011年3月11日、東日本大震災が発生しました。

テレビ画面が次々に映し出す、信じられないような光景と、それに続く停電や断水、交通網の機能不全。帰宅難民が路上にあふれ、さまざまな社会機能が一瞬にして停止し、被災地以外の東日本に住む多くの人も翻弄《ほんろう》される数日間でした。

このときすぐに起こったのは、インスタント食品や乾電池の買占め、ガソリンの不足でした。それに続き、計画停電に伴う物資不足を懸念してか、トイレットペーパーやティッシュ、生理用品の買いだめも起こりました。

子供の頃、二度のオイルショックとそれに伴う買占め現象と、そのとき親たちがまったく動じず、買占めに走らなかった様子を見ていた私は、買いだめに走ることなく、落ち着いて過ごすことができました。

お米がなければ、乾麺や小麦粉、豆類を食べればいいし、ティッシュがなければ布で、トイレットペーパーがなければ水で、代用することはいくらでもできます。モノに頼らない暮らしを意識することは、危機的状況にあっても、かなり役に立つものだと実感しました。

それよりも、震災後の混乱の中にあって浮き彫りにされたのは、

「本当に大切なものは何か」

ということです。

どんなに高価なモノであろうが、どんなに思い出がしみついたモノであろうが、命の一大事というときに、すべて持って逃げることはできません。

どうしても捨てられないもの。絶対に助けたいもの。それがないと生きられないもの。それがいったい何なのか。

40代という年代に、それに気づくことができれば、残された人生、生かされた命を、もっと大切に、豊かに生きていけるのだと思います。

本書は、二〇一一年四月、小社より単行本『40歳からのシンプルな暮らし「これから」をラクに生きる自分整理術』として発行された作品を加筆・修正し文庫化したものです。

一〇〇字書評

切・り・取・り・線

購買動機（新聞、雑誌名を記入するか、あるいは○をつけてください）

- □（　　　　　　　　　　　　　　）の広告を見て
- □（　　　　　　　　　　　　　　）の書評を見て
- □ 知人のすすめで
- □ タイトルに惹かれて
- □ カバーがよかったから
- □ 内容が面白そうだから
- □ 好きな作家だから
- □ 好きな分野の本だから

●最近、最も感銘を受けた作品名をお書きください

●あなたのお好きな作家名をお書きください

●その他、ご要望がありましたらお書きください

住所	〒				
氏名		職業		年齢	

新刊情報等のパソコンメール配信を 希望する・しない	Eメール	※携帯には配信できません

あなたにお願い

この本の感想を、編集部までお寄せいただけたらありがたく存じます。今後の企画の参考にさせていただきます。Eメールでも結構です。

いただいた「一〇〇字書評」は、新聞・雑誌等に紹介させていただくことがあります。その場合はお礼として特製図書カードを差し上げます。

前ページの原稿用紙に書評をお書きの上、切り取り、左記までお送り下さい。宛先の住所は不要です。

なお、ご記入いただいたお名前、ご住所等は、書評紹介の事前了解、謝礼のお届けのためだけに利用し、そのほかの目的のために利用することはありません。

〒一〇一‐八七〇一
祥伝社黄金文庫編集長　吉田浩行
☎〇三（三二六五）二〇八四
ohgon@shodensha.co.jp

祥伝社ホームページの「ブックレビュー」からも、書けるようになりました。
http://www.shodensha.co.jp/bookreview/

祥伝社黄金文庫

40歳《さい》からのシンプルな暮《く》らし
「これから」をラクに生《い》きる自分整理術《じぶんせいりじゅつ》

平成25年10月20日　初版第1刷発行

著　者　金子由紀子《かねこゆきこ》

発行者　竹内和芳

発行所　祥伝社《しょうでんしゃ》

〒101－8701
東京都千代田区神田神保町3－3
電話　03（3265）2084（編集部）
電話　03（3265）2081（販売部）
電話　03（3265）3622（業務部）
http://www.shodensha.co.jp/

印刷所　錦明印刷

製本所　ナショナル製本

Printed in Japan　© 2013, Yukiko Kaneko　ISBN978-4-396-31624-2 C0195

祥伝社黄金文庫

衿野未矢《みや》　セックスレスな女たち

既婚者の40・8%が「レス」の時代!! 誰もが陥るその穴にハマる人、抜け出せる人の特徴とは?

遠藤順子　70歳からのひとり暮らし

不満。退屈。心配……そんな暇はありません。遠藤流「やんちゃなひとり暮らし」は、こんなに楽しい!

沖　幸子　50過ぎたら、モノは引き算、心は足し算

「きれいなおばあちゃん」になるために。今から知っておきたい、体力と時間をかけない暮らしのコツ。

甲野善紀《こうのよしのり》　荻野《おぎの》アンナ　古武術で毎日がラクラク!　疲れない、ケガしない「体の使い方」

重い荷物を持つ、階段を上る、肩こりをほぐす、老親を介護するetc.……体育「2」の荻野アンナも即、使えたテクニック!

川口葉子　京都カフェ散歩

とびっきり魅力的なカフェが多い京都。豊富なフォト&エッセイでご案内します。

川口葉子　東京カフェ散歩

カフェは、東京の街角を照らす街灯。人々の日常を支える場所。街歩きという観光の拠点。エリア別マップつき。

祥伝社黄金文庫

カワムラタマミ
からだはみんな知っている
10円玉1枚分の軽い「圧」で自然治癒力が動き出す！　本当の自分に戻るためのあたたかなヒント集！

川本佐奈恵
改訂新版　NHKの英語講座をフル活用した簡単上達法
たった15分。テキスト代だけで英語がペラペラに！　実力がつき、今度こそ続けられるノウハウ満載！

小林由枝《ゆきえ》
京都でのんびり
知らない道を歩くと、京都がますます好きになります。京都育ちのイラストレーター、とっておき情報。

小林由枝
京都をてくてく
『京都でのんびり』の著者が贈るお散歩第2弾！　ガイドブックではわからない本物の京都をポケットに。

杉浦さやか
よくばりな毎日
『シティリビング』の人気連載が、本になりました！　杉浦さやか流・毎日を楽しむヒントがいっぱいの一冊。

杉浦さやか
ひっこししました
荷づくり・家具探し・庭仕事・収納……筆者の「ひっこし」レポート。書下ろし「再びひっこししました」も収録！